Brenda Ueland

Die Lust zu schreiben

Brenda Ueland

Die Lust zu schreiben

Aus dem Amerikanischen
von Kirsten Richers

Zweitausendeins

Deutsche Erstausgabe.
1. Auflage, Oktober 2001.
2. Auflage, Februar 2002.

Die amerikanische Originalausgabe ist 1938 unter dem Titel
If You Want To Write. A Book About Art, Independence And Spirit erschienen.

Lektorat und Register: Ekkehard Kunze (Büro W, Wiesbaden).
Korrektorat: Ursula Maria Ott, Frankfurt am Main.
Umschlaggestaltung: Sabine Kauf.
Satz und Herstellung: Dieter Kohler GmbH, Nördlingen.
Druck: Gutmann & Co GmbH, Talheim.
Einband: G. Lachenmaier, Reutlingen.
Printed in Germany.

Das Papier dieses Buches besteht zu 50% aus Altpapier,
Schutzumschlag, Überzug und Vorsatz sind 100% Recyclingpapier.
Das Kapitalband wurde aus ungefärbter und ungebleichter Baumwolle gefertigt.

ISBN 3-86150-394-8

Vorwort

Dieses Buch kann Ihnen eine große Hilfe sein, wenn Sie Ihren Ideen und Gedanken freien Lauf lassen und den Genius in sich wecken wollen, der in allen Menschen schlummert. »Wer seinen eigenen Genius nicht kennt, der hat keinen«, sagte einmal William Blake. Menschen, die schreiben wollen, leiden oft unter den befremdlichsten Irrungen und Wirrungen; sie quälen sich mit großen Problemen herum, scheitern, ohne zu wissen, warum, und fragen sich, wieso sie trotz aller Anstrengungen meist nur geringe Beachtung bei der Leserschaft finden.

Einige Jahre lang hatte ich einen gut besuchten Schreibkurs beim Christlichen Verein Junger Frauen in Minneapolis geleitet. Ich glaube, ich war eine sehr gute Lehrerin, und das fanden auch meine Schülerinnen und Schüler. Die unterschiedlichsten Menschen kamen in meinen Kurs: Männer und Frauen, Reiche und Arme, belesene Leute und solche ohne besondere Schulbildung, auch Professoren und ganz einfache Dienstmädchen, die so schüchtern waren, dass es Monate brauchte, sie zu ermutigen, ein oder zwei Sätze zu wagen.

Mein Schreibunterricht unterscheidet sich etwas von den Methoden anderer: Ich bin mit einer schier unerschöpflichen Begeisterung für meine Schülerinnen und Schüler gesegnet – ich interessiere mich für ihre Gedanken und Abenteuer, ihr Scheitern, ihre Leidenschaften, ihre dunklen und ihre edlen Seiten. »Erzähl mir mehr! Erzähl mir genau, was du gefühlt hast, als du den Mann umbringen wolltest.« – »Du sagst: ›Seine Muskeln vibrierten unter seiner Jacke.‹ Haben sie tatsächlich vibriert? Hast du das wirklich gesehen?« Darauf die hitzige Abwehr der jungen Romanschreiberin: »Ja, das haben sie! Seine Muskeln waren so groß, als würden sie jeden Moment aus den Nähten seiner Jacke platzen!« Ich: »Na, dann sag das doch! Hurra! Schreib es genau so! Das ist lebendig. Großartig!«

Ich denke, dass dieses Buch Ihnen einen Einblick verschaffen wird, wie ich meine Schüler und Schülerinnen von den Nebelschwaden automatischer Wortwahl befreit habe, von dieser »Uninteressantheit«. Wenn Sie erst einmal herausgefunden haben, wie das geht, dann werden Sie frei schreiben und sich fasziniert der Anziehungskraft des Schreibens hingeben. Sie werden Stunden, Monate und Jahre schreiben. Romane und Theaterstücke werden aus Ihnen nur so herausströmen. Niemals werden Sie sich zum Arbeiten zwingen müssen; nicht verbissene Willenskraft wird Sie antreiben, sondern Großzügigkeit und das unwiderstehliche Bedürfnis, Wahrheit zu finden. Ihre Maxime wird lauten: Sei tapfer, sei frei, sei aufrichtig! Aufrichtigkeit wird Sie davor bewahren, dass Ihre Arbeit erkünstelt, gewollt oder prätentiös erscheint.

Nun verhält es sich in unserem Bildungssystem, jedenfalls in den USA, so, dass uns freundliche, junge Lehrerinnen und Lehrer von der ersten Klasse an das Schreiben beibringen. Wir alle haben diese Aufsätze geschrieben: »Was der Teddybär gesehen hat«, »Ein glücklicher Tag auf dem Bauernhof«. Aber in Wirklichkeit geht es doch dabei mehr um Grammatik und Rechtschreibung. Dass unsere Gedanken das eigentlich Fesselnde, Bezaubernde und Besondere sind, das wird dabei immer übersehen.

Und später dann, in den Schreibkursen im Sommer an unseren berühmten Universitäten, läuft es normalerweise so, dass irgendein verklemmter Student sein Werk laut vor allen anderen vortragen muss. Dann stürzen sie wie die Geier auf ihn nieder und zerfleischen ihn mit ihrer Kritik und ihren pingeligen Verbesserungen. »Ich würde den zweiten Absatz voranstellen …« – »Mir gefällt das Wort ›Expertise‹ nicht …« – »Diese beiden Adjektive stehen zu dicht beieinander.« Und so weiter und so fort.

Aber all das hat wirklich nichts mit unseren schriftstellerischen Fähigkeiten zu tun. Denn dort, in diesen Schreibkursen, schreibt ein Komitee; und dabei kann freilich nichts weiter herauskommen als weitschweifiges Wortgeklingel, dem jede Begabung fehlt. Wie hatte doch jemand einmal treffend gesagt: Das Kamel kann nur von einem Komitee erfunden worden sein. »Hirngespinste« nannte Tolstoi dergleichen unaufrichtiges, falsches, unechtes und unwahres Zeug. Viel schlimmer aber ist, dass dadurch die Texte *uninteressant* werden!

Im Folgenden möchte ich Ihnen erzählen, wie Tolstoi – für mich einer der interessantesten Menschen – das Geheimnis des Interessanten erklärt und wie dieses vom Schriftsteller auf den Leser übergeht. Es ist eine *Ansteckung* und sie findet *unmittelbar* statt. Der Schriftsteller hat ein Gefühl und aus seinem wahren Selbst heraus bringt er es zum Ausdruck. Der Leser liest das und ist augenblicklich davon angesteckt: Er hat genau dasselbe Gefühl. Darin liegt das ganze Geheimnis der Verzauberung, der Faszination. Und ich werde hier noch erzählen, was Anton Tschechow, William Blake, Vincent van Gogh und Mozart dazu gesagt haben, diese großartigen Menschen voll göttlicher Imagination.

Als kleine Kinder beginnen wir unser Leben voller Licht, Klarheit und Visionen. Denken wir an William Wordsworths »Ode an die Unsterblichkeit« und Henry Vaughans »Kind«:

When on some gilded cloud or flower
My gazing soul could dwell an hour.*

Dann kommen wir in die Schule, und eine ganze Armee kritischer Lehrer mit Rotstift schulmeistert uns; ebenso unsere Eltern und älteren Geschwister (die schlimmsten aller Spötter), rechthaberische Freunde und schließlich diese Welt voller schlechtmeinender, kleinkarierter, pingeliger und permanenter Kritiksucht – der Tod jeder Einbildungskraft.

Vor einigen Jahren fand hier an der Universität im Sommer ein Schreibseminar statt, und neben anderen Schriftstellern aus Minnesota wurde auch ich gebeten, eine Vorlesung zu halten. Alle möglichen Ratschläge erteilte man dem verkrampften, besorgt und unterwürfig dreinblickenden Schriftstellerpublikum. Unter anderem wurde des Breiteren darauf eingegangen, wie man »seinem Zeug eine tendenziöse Färbung verleiht«, damit es von den Zeitschriftenredaktionen nicht abgelehnt wird.

In meinem Vortrag berichtete ich von meinem Kurs und meinen Unterrichtsmethoden und las einige der vor Talent sprühenden, ausgelassenen Arbeiten meiner Schülerinnen vor. Das arme Schriftstellerpublikum war ja so erleichtert! Strahlende Gesichter! Applaus! Die Leute fingen an zu lachen und ihre Augen leuchteten wie die wirklicher Propheten und Poeten. Sie wollten die Pferde von meiner Kutsche abspannen und mich die University Avenue hinauf geleiten. Professor Nolte hatte Abschriften meiner Notizen machen lassen und verteilte diese an alle. Der Verlag G. P. Putnam's Sons bat mich, das Ganze in einem Buch zusammenzustellen. Und hier ist es: »Hilfe von den neun Musen«.

* »Wenn bloß meine staunende Seele für eine Stunde auf einer vergoldeten Wolke oder einer Blume verweilen könnte.«

Ein Wort noch: Zu der Zeit, als ich das Buch schrieb, war Carl Sandburg, ein alter Freund, gerade bei uns zu Besuch. Mitunter, wenn er an stürmischen Novemberabenden auf den Lake Calhoun blickte, donnerte er mit seiner mächtigen Stimme los (so hatte ich mir immer die Stimme von Jesaja vorgestellt) und sprach von den schäumenden dunklen Wellen, dem Nordwind, dem Neumond und dem Himmel, der die Farbe eines Gewehrlaufs habe.

Er mochte mein Buch. Er sagte: »Dies hier ist das beste Buch, das jemals über das Schreiben verfasst wurde.«

Brenda Ueland, Februar 1983

KAPITEL 1

Jeder Mensch ist begabt, originell und hat etwas Wichtiges zu erzählen

Ich schreibe schon seit geraumer Zeit und habe dabei manches dazugelernt, nicht nur aus eigener mühsamer Arbeit, sondern auch von den Teilnehmern des Schreibseminars, das ich über drei Jahre lang geleitet habe. In diesem Seminar hatten sich die unterschiedlichsten Menschen zusammengefunden: Wohlhabende und Arme, Stenographen, Hausfrauen, Geschäftsleute, Gelehrte und einfache Dienstmädchen, die nie in den Genuss einer höheren Schulbildung gekommen waren; es gab schüchterne Menschen und solche, die geradeheraus waren; es gab welche, die sich schwer taten, und solche, denen alles leicht fiel.

Aber eines habe ich immer wieder festgestellt: Jeder Mensch ist begabt, jeder Mensch ist originell, und jeder Mensch hat etwas Wichtiges zu erzählen.

Und es mag Sie vielleicht beruhigen zu erfahren, dass gerade die Leute, von denen Sie glauben dürfen, dass sie *kein* Talent haben, jene sind, die sehr leicht und flüssig schreiben, die ohne Hemmungen und inneren Kampf binnen einer Woche einen ganzen Roman aus dem Ärmel schütteln. Bei diesen hat während der Kurse kaum eine Verbesserung oder Entwicklung stattgefunden. Man kann eben aus diesen Teilnehmern nicht viel herauskitzeln. Sie stellen sich nicht der Herausforderung, an sich zu arbeiten; und irgendwann kommen sie einfach nicht mehr. Auch diese Leute hätten sicherlich das Zeug zum Schreiben gehabt, da bin ich ganz sicher. Aber ihr Problem war, dass sie sich von der schützenden Hülle der Schwatzhaftigkeit nicht frei machen wollten, um zum Wahrhaftigen und Lebendigen vorzustoßen. – So, wie die meisten Leute Schwierigkeiten haben, ihre allzu große Zurückhaltung und Forciertheit zu überwinden.

Jeder Mensch ist begabt

Jeder Mensch ist begabt, weil er als menschliches Wesen etwas zum Ausdruck bringen möchte. Versuchen Sie einmal, einen ganzen Tag lang *nichts* auszudrücken, und Sie werden sehen, dass Sie fast platzen. Sie werden dann einen langen Brief schreiben oder ein Bild malen, singen, ein Kleid nähen oder sich in die Gartenarbeit stürzen wollen.

Gläubige Menschen zogen früher in die Wildnis, um allein zu sein und sich der Stille auszusetzen. Sie taten dies, um Zwiesprache mit Gott und sonst niemandem zu suchen. Auch sie drückten etwas aus; die Gedanken, die in ihnen aufstiegen, waren an jemanden gerichtet, ob sie sie nun vernehmlich oder schweigend zum Himmel schickten.

Beim Schreiben oder Malen bringt man seine Gedanken zu Papier. In der Musik werden die Gedanken zu Liedern. Mehr steckt gar nicht dahinter.

Jeder Mensch ist originell

Jeder Mensch ist originell, solange er wahrhaftig ist und von sich selbst spricht. Aber er muss sein *wahres Selbst* sprechen lassen und nicht irgendein Selbst, von dem er glaubt, dass so sein Selbst sein *sollte.* Jennings von der Johns Hopkins University, eine Kapazität auf dem Gebiet der Vererbung, der Gene und Chromosomen, hatte einmal gesagt, dass kein Individuum einem anderen aufs Haar gleicht, dass es noch nie zwei völlig identische Menschen gegeben hat. Solange Sie also über *sich selbst* sprechen oder schreiben, können Sie gar nicht anders, als originell zu sein.

Merken Sie sich also diese zwei Dinge: Sie sind begabt, und Sie sind originell. Dessen können Sie sich absolut sicher sein. Ich erwähne das, weil Selbstvertrauen mit das Wichtigste beim Schreiben ist. Warum, werde ich Ihnen später verraten.

Schöpferische Kraft und Fantasie stecken also in jedem von uns, genauso wie der Drang, sich auszudrücken, sich anderen mitzuteilen. Aber was passiert dann später damit? Beides ist zerbrechlich und äußerst empfindlich. Schon früh in unserer Jugend wird es uns durch die Kritik (die so genannte »konstruktive« Kritik ist oft die schlimmste) gründlich ausgetrieben. Durch Hänselei, Spott, Hohn, Regeln, nörgelnde Lehrer, Kritiker und all die anderen lieblosen Leute, die vergessen haben, dass das Leben, welches der Geist uns einhaucht, vom Korsett der Sprache schnell erdrückt wird. Manchmal kommt es mir so vor, als sei das Leben ein Vorgang, bei dem jeder jeden entmutigt und erniedrigt.

Wir wissen, wie einfallsreich Kinder sind. Bestimmt ist Ihnen eine ähnliche Situation wie die folgende vertraut: Die jungen Mädchen in unserer Familie pflegten ein Theaterstück nach dem anderen aufzuführen. Sie schrieben die Stücke selbst; es waren gute Stücke, richtig interessant, aufregend und lustig. Die Rollen spielten sie ebenfalls alle selbst. Mit viel Erfindungsgabe fertigten sie aus alten Klamotten, die sie auf dem Dachboden fanden, sowie aus Mutters besten Kleidern wunderschöne, spektakuläre und historisch authentische Kostüme an. Sie richteten die Bühne her, schleppten Stühle herbei, rückten das Klavier hin und her und tischlerten ein bisschen. Sie druckten Eintrittskarten und verkauften sie, kümmerten sich auch um die Werbung. So trommelten sie aus dem Umkreis einer Meile ihr Publikum zusammen: Kindermädchen, Hunde, Babys, Mütter und Nachbarn. Und für welchen Lohn? – Für ein paar Pfennige.

Dennoch arbeiteten diese Zehnjährigen wie besessen und mit enormem Durchhaltevermögen. Für eine Aufführung brauchten sie etwa zwei Tage. Hätten sie die gleiche Verbissenheit in der Schule gezeigt, wären sie wahrscheinlich tot umgefallen. Auf der Bühne schufteten sie allein deshalb, weil es Spaß machte und wegen dieses wundervollen Gefühls der Aufgewühltheit und des Übermuts. Es war ihr Einfallsreichtum, der sie antrieb. Obwohl solche Aufführungen ein schweres Stück Arbeit waren, gab es für sie nichts Schöneres und Spannenderes. – Ein unvergessliches Erlebnis.

Aber diese Freude, dieses imaginative und leidenschaftliche Feuer in uns erlischt bereits in jungen Jahren. Warum? – Weil wir nicht begreifen, wie wichtig es ist, weil wir zulassen, dass es vor lauter Pflichterfüllung erstickt wird. Weil wir es nicht für wert halten, dass wir es in uns brennen lassen, und weil wir diese Flamme auch in anderen Menschen nicht nähren. Denn wir haben es verlernt *zuzuhören*.

Wenn man es genau bedenkt, ist der einzige Weg, einen Menschen zu lieben, nicht etwa der, den uns die christliche Lehre aufzeigt, nämlich ihn vor allem Unheil zu bewahren und ihm Suppe zu bringen, wenn er krank ist. Vielmehr liegt die Liebe im Zuhören und im festen Glauben an das Göttliche und Poetische in ihm. Nur so können wir den Gott und den Dichter im Anderen am Leben erhalten und zur vollen Entfaltung bringen.

Und wie kommt es, dass der schöpferische Impuls in uns abstirbt? – Zum Beispiel der schlecht gelaunte Lehrer, der dem Schüler mit Rotstift an den Rand seines Aufsatzes »zu allgemein, neu schreiben!« kritzelte, hat beim Abtöten mitgewirkt. Und wer ebenfalls der Kreativität den Garaus gemacht hat, das sind all die Kritiker und die eigene Familie. Familien, insbesondere die Ehemänner, sind perfekte Kreativitätskiller. Der große Bruder verhöhnt den kleineren und nimmt ihm damit jeden schöpferischen Impuls. Unser liebstes Gesellschaftsspiel – nicht nur in Amerika – heißt: »War doch nur Spaß!« Und immer läuft es auf das Gleiche hinaus: Wer den geringsten Eifer oder ein Quentchen Leidenschaft zeigt, muss das sofort zurücknehmen, sich schämen und Buße tun. Doch davon später mehr.

Bestimmt ist Ihnen schon aufgefallen, wie Lehrer, Kritiker, Eltern und andere Besserwisser, sobald sie etwas Geschriebenes in den Finger haben, plötzlich ganz lange Nasen bekommen und mit größter Pedanterie den Text nach Mängeln durchschnüffeln. Aha! Ein Rechtschreibfehler! – Als ob Shakespeare jemals eine Leuchte in Orthographie gewesen wäre! Als ob Rechtschreibung, Grammatik oder alles, was man in einem Rhetoriklehrbuch nachlesen kann, irgendetwas mit Freiheit und Fantasie zu tun hätte!

Neulich kam einer meiner Freunde auf die Danksagungen in manchen Büchern zu sprechen. Sie kennen das ja: »Für meine Frau, ohne deren hilfreiche Kritik …« In Wirklichkeit, so meinte er, sollte da stehen: »Für meine Frau. Wenn sie nicht ständig herumgekrittelt und permanent an meinen Fähigkeiten gezweifelt hätte, wäre dieses Buch wahrscheinlich im *Harper's* und nicht als Fortsetzungsroman in einem Schmierenblatt erschienen.«

Wie oft bin ich schon über Artikel gestolpert, in denen Literaturgurus und andere Koryphäen wilde Hagelstürme auf die Häupter normal Sterblicher und deren waghalsige Schreibversuche prasseln ließen! In den Augen dieser Kritiker sollte es allein Virtuosen gestattet sein, einen Griffel überhaupt nur anzufassen. Und diese witzigen Artikel über das groteske, alberne, amateurhafte Fußvolk, das *glaubt,* schreiben zu können, verkaufen sich recht gut.

Meinetwegen, sollen sie. Was allerdings dabei herauskommt, ist Folgendes: Alle Leute, die zu schreiben versuchen (was ja ein ganz normales und legitimes Anliegen ist), bekommen es mit der Angst zu tun, nehmen sich zurück, verkrampfen sich, werden zu Perfektionisten – und zwar aus Furcht, sie könnten irgendetwas zu Papier bringen, das nicht an Shakespeare heranreicht.

Kein Wunder also, dass Sie mit dem Schreiben nicht in die Gänge kommen und es Monat für Monat und Jahrzehnt für Jahrzehnt vor sich herschieben. Wenn Sie nämlich wirklich schreiben wollen, ist Angst das Letzte, was Sie dabei gebrauchen können. Um etwas Annehmbares zu Papier zu bringen, brauchen Sie vor allem eins: Freiheit und Unbeschwertheit. Die einzigen Ratgeber, auf die Sie künftig hören sollten, sind Freunde und Freundinnen, die Sie lieben, die der Meinung sind, dass Sie ein interessanter, bedeutender oder wunderbar geistreicher Mensch sind, und deren Einstellung etwa lautet: »Erzähl mir mehr. Erzähl mir so viel du kannst. Ich möchte mehr über die Dinge wissen, die dich bewegen. Mehr über das, was du fühlst und weißt, und am liebsten alles, was sich in dir und um dich herum verändert. Los, her damit!« Und wenn Sie keinen solchen Freund haben und trotzdem schreiben wollen, nun, dann müssen Sie sich eben einen ausdenken.

Ja, strenge Kritiker kann ich zum Tod nicht ausstehen. Aber mit diesen meine ich nicht solche großartigen Leute wie Matthew Arnold, sondern das gewöhnliche kleinkarierte Kritikervolk, das sich in seitenlangem Stochern nach fehlenden i-Tüpfelchen ergeht. Es ist ein Irrglaube, man könne Menschen verbessern, indem man ihnen sagt, was sie falsch machen. Alles, was man damit erreicht, ist, dass man sie befangen macht. Ihre ganze Klarsicht und Beherztheit verkümmern in einer Zwangsjacke aus Hemmungen und einem Gefühl der Minderwertigkeit.

Ich rege mich nicht so sehr meinetwegen auf. Irgendwann habe ich gelernt, mich einfach nicht mehr davon einschüchtern zu lassen. Aber wenn ich an die große Zahl möglicherweise glänzender, feinsinniger und begabter Menschen denke, die jedes Jahr diesem Spuk zum Opfer fallen, werde ich wütend. Was da vielversprechenden Begabungen widerfährt, ist regelrechter Mord. Und die Köpfe, die zuerst rollen, sind ausgerechnet die der Begabtesten, der Bescheidenen und Empfindsamen, derjenigen mit der reichsten Fantasie und dem tiefsten Einfühlungsvermögen. Um sich da nicht umpusten zu lassen, muss man schon ein hartgesottener Egomane sein.

Der Redlichkeit halber darf ich natürlich nicht verschweigen, dass wir Schriftsteller und Schriftstellerinnen von allen Berufsgruppen die hasenherzigste sind. Für eine Kleinigkeit, die wir abliefern, erwarten wir mehr Anerkennung als andere: Eine begabte junge Frau schreibt ein Gedicht. Es wird vom Verlag abgelehnt. Wahrscheinlich wird sie für die nächsten zwei Jahre keinen neuen Versuch machen, womöglich keinen mehr für den Rest ihres Lebens. Bedenken Sie andererseits die Geduld und Hingabe, mit der ein Stepptänzer oder ein Akrobat im Varietétheater an seine Arbeit herangeht. Oder wie unermüdlich Fritz

Kreisler Notensequenzen einstudiert hat. Wenn Sie so viele Wörter schreiben, wie Kreisler Tonfolgen geübt hat, könnte ich fast meine Hand dafür ins Feuer legen, dass Sie in zehn Jahren den Nobelpreis für Literatur bekommen.

Allerdings ist es ganz wichtig, dass Sie nicht mechanisch irgendwelche Übungen ableisten, sondern Ihre ganze Intelligenz und Liebe in Ihre Arbeit einfließen lassen. So wie Kreisler dies getan hat. Ein berühmter Musiker sagte einmal zu mir, dass man niemals auch nur eine einzige Note spielen sollte, ohne sie in ihrem Klang und in ihrer Wahrhaftigkeit zu erfassen, ohne sich ihre Schönheit zu vergegenwärtigen.

So, und mit diesen Worten im Hinterkopf werden Sie sich nun ans Schreiben machen. Arbeiten Sie mit all Ihrer Intelligenz und mit Ihrer ganzen Liebe. Arbeiten Sie unbeschwert und frei, als wollten Sie einem Freund, der Sie schätzt und mag, etwas erzählen. Und zeigen Sie im Geiste allen Klugschwätzern, Spottdrosseln, Mäklern und Zweiflern einen Vogel, am besten gleich drei-, viermal am Tag.

Und damit Sie Tag für Tag möglichst viele Stunden am Ball bleiben und Ihre Arbeit nicht schleifen lassen, werde ich Ihnen jetzt beweisen, dass das, was Sie da tun, *für Sie selbst* wichtig ist.

KAPITEL 2

»Die Imagination ist das Fleisch Gottes in jedem Menschen«

William Blake

Wie ich bereits dargelegt habe, ist jeder Mensch originell und begabt und voll des Dranges, seinen Geist aus der Flasche zu lassen. Kurz, Sie alle verfügen über einen schöpferischen Funken.

Jedoch hat dieser Funken aufgrund widriger Umstände seine Hitze eingebüßt. Wie gesagt, wegen Ihrer Kritikgläubigkeit, Selbstzweifel, Pflichtbesessenheit, Nervosität und Ängstlichkeit, die Sie mit rein äußerlichem Aktionismus zum Ausdruck bringen, indem Sie zum Beispiel Treppen hinauf- und wieder hinunterrennen oder Listen abhaken, um sich selbst vorzugaukeln, Sie handelten effizient. Vielleicht haben Sie auch Angst, nicht angemessen für Ihren Lebensunterhalt sorgen zu können. Oder Sie befürchten, Ihre Leistungen könnten nicht *herausragend* sein.

Ich halte die schöpferische Kraft für den Heiligen Geist. Meine Theologie mag damit nicht ganz perfekt sitzen, aber so stelle ich mir das eben vor. Mir ist klar, dass William Blake diese schöpferische Kraft als Imagination bezeichnet und gesagt hat, sie sei Gott. Wenn es überhaupt jemanden gibt, der das beurteilen kann, dann er; schließlich war er einer der großartigsten Dichter und Künstler, die je gelebt haben.

Nun, Blake fand, dass das schöpferische Feuer in jedem Menschen am Leben erhalten werden muss, und zwar bis zum

Tod. Genau das denke ich auch. Warum? – Weil dieses Feuer das Leben an sich ist. Es ist der Geist. Im Grunde ist es sogar das einzig Wesentliche in uns. Der Rest besteht nur aus Gliedmaßen und Gedärm, dem Verlangen nach materiellen Dingen und aus Ängsten.

Wie also können wir das Feuer in uns am Leben erhalten? – Indem wir es nutzen, indem wir es aus uns herauszüngeln lassen, es einfach gewähren lassen und ihm einen Platz in unserem Leben einräumen. Aber Frauen finden es vielleicht wichtiger, Kindernasen zu putzen und die Wohnung mit Häkeldeckchen auszustatten als zu schreiben oder Klavier zu spielen. Und Männer verbringen ihr Leben addierend und subtrahierend, oder sie diktieren Briefe, während sie sich heimlich danach verzehren, Sonette zu schreiben, Geige zu spielen, und beim Anblick der untergehenden Sonne vor Ergriffenheit kaum die Tränen unterdrücken können.

Im Unterschied zu Blake ist ihnen nicht bewusst, dass sie sich auf diese Weise entsetzlich gegen sich selbst versündigen. Sie hätten im Leben zu viel mehr Größe gefunden, wären viel strahlender und kraftvoller gewesen, hätten sie die Sonette geschrieben, nach Herzenslust gefiedelt und den Sonnenuntergang beschluchzt, so wie ihnen eigentlich zu Mute war.

Ich muss hier einen kleinen Einschub machen (es könnte mir passieren, dass ich das ganze Buch damit fülle) und Ihnen ein wenig über Blake erzählen, damit ich Ihnen veranschaulichen kann, welch ein Segen darin liegt, die eigene Schaffenskraft zu gebrauchen. Und damit Sie sehen, worin diese Kraft besteht und wie sie sich anfühlt.

Blake pflegte zu sagen: Wenn er nicht Malen oder Schreiben kann, dann wurde er »von Schakalen und Hyänen gefressen«. Seine Liebe zur Kunst (das heißt mit dem Pinsel oder der

Schreibfeder seine inneren Bilder für die Außenwelt sichtbar zu machen) war so groß, dass er in allem, was er liebte, immer das Künstlerische sah. Da er die Apostel und Jesus liebte, sagte er immer: »Das waren alles Künstler.« Und Gott selbst nannte er oft das »Dichtergenie«. Er sagte: »Der Liebende spürt einen Strom der Liebe in sich hineinfließen, und wenn er ein Weiser ist, wird er vielleicht die Quelle erkennen – das Dichtergenie, den Herrn.«

Dass Blake sich seiner Schaffenskraft so frei und üppig bedienen konnte, das machte ihn zu einem der glücklichsten Menschen. Er schrieb unzählige Gedichte (ohne die geringste Hoffnung oder die Absicht, sein Werk jemals zu veröffentlichen). Eine Zeit lang dachte er, wenn er weniger schriebe, hätte er vielleicht mehr Energie für Radierungen, Holzschnitte oder die Malerei. Er hörte also für einen Monat oder länger mit dem Schreiben auf. Aber als er dann Bilanz zog, stellte er fest, dass er sogar mehr malte, wenn er weiterhin seinen visionären Eingebungen freien Lauf ließ und sie aufschrieb. All das beweist, wie ich glaube, Folgendes: Je mehr man dieses Freude spendende schöpferische Feuer nährt – so wie es die jungen Mädchen mit ihren Theaterstücken getan haben –, desto höher schlagen die Flammen, desto mehr steht einem an Kraft und Inspiration zur Verfügung.

Was Blakes Glücklichsein angeht, so sagte einmal einer, der ihn gut kannte: »Wenn mich jemand fragen würde, ob ich unter den Intellektuellen einen glücklichen Menschen kenne, so wäre Blake der einzige, der mir spontan einfiele.«

Doch Blakes Schaffensdrang hatte mit Ehrgeiz nichts zu tun. Ich glaube, Ehrgeiz schadet der Kreativität eher, und das ganze Unterfangen wird dann zu einer gehetzten Plackerei. Den Großteil seines Werkes hat Blake jedenfalls verbrannt.

Und begründet hat er das mit folgenden Worten:

> Es täte mir leid, wenn ich zu irdischem Ruhm gelangen würde, denn jegliche Art weltlichen Glanzes schmälert den spirituellen im selben Maße. Ich habe den Wunsch, nichts um des Profits willen zu tun. Ich habe den Wunsch, mein Leben der Kunst zu widmen. Ich will gar nichts dafür haben. Ich bin ganz zufrieden.

Als alter Mann wünschte er einem kleinen Mädchen, dass Gott ihr seine Welt so schön gestalten möge, wie die Welt für ihn selbst gewesen war.

Der Gedanke an den Tod machte Blake nicht im Geringsten zu schaffen. Er sagte, für ihn bedeute das Sterben nichts weiter als in ein anderes Zimmer zu gehen. Noch am letzten Tag seines Lebens komponierte er Lieder für seinen Schöpfer und sang sie seiner Frau vor. Kurz vor seinem Tod erhellte sich seine Miene, und mit glänzenden Augen sang er lauthals von den Dingen, die er im Himmel erblickte.

»Der Tod eines Heiligen!«, entfuhr es dem armen Zimmermädchen, das gekommen war, um Blakes Frau ein wenig zur Seite zu stehen.

Blake war es, der gesagt hat, dass die meisten Gott mit dem Teufel verwechseln. Seiner Meinung nach war das, was die meisten Leute unter Gott verstehen, nichts weiter als ein Anlass, alle möglichen klugen Vorsichtsmaßnahmen zu ergreifen. Ein Käfig, der den freien Energiefluss unterbindet, was geradewegs in Angst, Passivität und die Verarmung der Imagination führt. Und das, was wir als »Vernunft« bezeichnen und als hohes Gut achten, hat weder etwas mit Verstand noch mit Verständnis zu tun. Vielmehr bedeutet »Vernunft«, dass wir eine weltanschauliche Position einnehmen, die sich auf *Erinnerungen* stützt, auf die Wahrnehmung körperlicher Signale und auf das, was uns andere Menschen sagen, um uns vor allen möglichen Unannehmlichkeiten zu bewahren: »Es lohnt sich nicht.« – »Jeder wird denken, du seist verrückt.« – »Kein Mensch tut so was.« – »Es ist unmoralisch.«

Aber nach Blake gibt es nur einen einzigen Weg, ein tieferes Verständnis für die Dinge zu erlangen und festzustellen, ob sie gut oder schlecht sind: Man muss sie *tun*. »Eher ein Kind in der Wiege morden, als untätig Wünsche nähren.«*

Denn diese »Vernunft«, so sagte Blake, was in Wirklichkeit bloß Vorsicht ist, sorgt dafür, dass alles, was an Vorstellungskraft, Eifer und leidenschaftlicher Begeisterung in uns aufsteigt, bis zur gänzlichen Verkümmerung durchlöchert und malträtiert wird. Die Vernunft ist der Teufel, sagte Blake. Sie ist Gottes einziger Feind. »Nichts stellt Gott zufriedener als die Erfindung entzückender und entrückender Dinge.« Und als einmal ein prominenter Zeitgenosse – ein Mann der Logik, der zu allem eine fundierte Meinung hatte, ein gelehrter, betulicher Vernunftsmensch, der einfach zu allem seinen Senf gab – die Menschen vor »schierem Enthusiasmus« warnte, schrieb Blake wutentbrannt (er war ein zartbesaiteter, aufbrausender, ungestümer Mann mit feuerrotem Haar): »Schierer Enthusiasmus ist das einzig Wahre!«

Ich erzähle Ihnen das alles, weil ich hoffe, Sie damit zu überzeugen, wie wichtig es für Sie selbst ist, Zeit und Arbeit in das Schreiben oder in eine andere schöpferische Tätigkeit, die Ihnen etwas bedeutet, zu investieren. Wenn ich hier von »Schreiben« spreche, dann meine ich damit freilich auch all die anderen Dinge, denen Ihre Liebe gilt und die Sie machen möchten – ob das nun eine aus Blankversen bestehende Tragödie in sechs Akten ist, ein selbstgeschneidertes Kleid, ein akro-

* William Blake: *Werke*, »Sprichwörter der Hölle«, hg. v. G. Klotz, übers. v. W. Wilhelm, Berlin 1958, S. 275

batisches Kunststück oder die Erfindung eines neuen Systems der doppelten Buchführung. Hauptsache, dass Sie sich *sicher* sind, dass all Ihre Eingebung und Liebe dahinter steckt und nicht der verbissene Wunsch, Geld zu verdienen oder andere Menschen zu beeindrucken. Nur wenn es mir gelingt, *das* in Ihr Herz einzupflanzen, werden Sie es auch tun und durchhalten. Und nicht nur für die nächsten Wochen. Ich will erreichen, dass Sie jahrelang bei der Stange bleiben, für den Rest Ihres Lebens!

Viele von uns leben nach der Devise: »Erst die Arbeit, dann das Vergnügen.« Ich bin damit überhaupt nicht einverstanden. Pflichten sollte man als Begleiterscheinungen des Wesentlichen betrachten. Das *Schreiben*, die schöpferische Tätigkeit, der Gebrauch der Imagination, das sollte immer Vorrang haben – zumindest für eine gewisse Zeitspanne an jedem Tag Ihres Lebens.

Wenn Sie Ihre Gaben nutzen, ist das ein Segen. Sie werden feststellen, dass Sie fröhlicher, klarsichtiger, lebendiger, leidenschaftlicher, sorgloser und anderen Menschen gegenüber großzügiger werden. Sogar Ihre Gesundheit wird davon profitieren. Erkältungen werden verschwinden, genauso wie all die anderen Wehwehchen, die in Mutlosigkeit und Langeweile reichen Nährboden haben.

Ich kenne eine wundervolle Frau, die ihren Lebensunterhalt damit verdient, dass sie tagsüber Geigenunterricht gibt. (Sie heißt Francesca, und vielleicht werde ich an späterer Stelle noch eingehender über sie berichten.) Und dann freut sie sich, von Mitternacht bis fünf Uhr morgens an ihrem Buch arbeiten zu können. Sie hat das zu ihrer täglichen Übung gemacht. Das Buch ist ihr Lebenswerk. Sie arbeitet bereits seit dreißig Jahren daran. Sie hofft, dass es ihr in ihrem Buch gelingen wird, den

Menschen zu erklären, wie man in zwei statt in zehn Jahren lernt, die Geige virtuos zu spielen. Sie glaubt einfach, es würde den Leuten unglaublich *gut* tun, wundervolle Musik zu spielen; und das ist auch der Grund, warum sie möchte, dass möglichst jeder weiß, wie das Geigespielen geht.

Eines Tages kam sie mich besuchen. Sie hatte eine fürchterliche Erkältung. »Um Himmels Willen, ab mit dir auf die Couch!«, rief ich, »ich bringe dir eine heiße Zitrone, und hier hast du noch eine Wolldecke.« Francesca starrte mich mit großen Augen an und erwiderte in einem Anflug von Entsetzen: »Ach, komm schon, so geht man doch nicht an eine Erkältung heran! … Nein, gestern habe ich ein bisschen geschludert. *Deshalb* hat es mich erwischt. Aber heute Nacht habe ich richtig durchgearbeitet, und jetzt geht es mir schon wieder viel besser.«

Sehen Sie, damit dürften meine Argumente für das Schreiben wohl hinlänglich untermauert sein. Ich will Sie weder überreden noch anflehen, sondern Sie mit Hingabe und Hartnäckigkeit dafür gewinnen. Oder anders ausgedrückt, ich möchte erreichen, dass Sie wirklich spüren, welch großen Lohn das Schreiben an sich für Sie bereithält. Wenn Sie die Sache schon von vornherein mit dem Gefühl angehen: »Das werde ich sowieso nicht lange durchhalten«, dann werden Sie es höchstwahrscheinlich wirklich schnell wieder aufgeben. Spätestens nach den ersten Absagen der angeschriebenen Verlage werden Sie zerstört am Boden liegen.

Und wenn es Ihnen nach einigen Jahren immer noch nicht gelungen ist, ein paar Mark mit Ihrer Arbeit zu verdienen, werden Sie nicht nur alles hinschmeißen, sondern auch noch verbittert darüber sein, dass Sie Ihre kostbare Zeit damit vergeudet haben.

Mit allem Nachdruck möchte ich Ihnen hier versichern, dass das Schreiben – oder jede andere Form schöpferischen Schaffens – *niemals* Zeitverschwendung ist. Jeder Satz, den Sie zu Papier bringen, macht Sie ein wenig klüger, bereichert Ihre Seele, erweitert Ihr Verständnis. Glauben Sie mir. Selbst wenn ich wüsste, dass von mir nie wieder etwas veröffentlicht und mir meine Arbeit keinen Pfennig mehr einbringen würde, ich würde trotzdem weiterschreiben.

KAPITEL 3

Warum der Edelmann der Renaissance Sonette schrieb

Vielleicht stellen Sie fest, dass Überlegungen wie »da steckt doch kein Geld drin« und »wer weiß, ob das Zeug jemals veröffentlicht wird« Ihre Kraft zum Versiegen bringen und dass Sie sich nicht dazu aufraffen können, sich ein Blatt und einen Stift zu nehmen und einfach loszulegen.

Mir selbst ist das schon oft so gegangen. Aber ich konnte diese Gedanken erfolgreich verscheuchen, und zwar indem ich mir Folgendes dachte: Zur Zeit der Renaissance schrieben die adligen Herren Sonette. Keiner machte sich jemals Gedanken darüber, ob diese auch im *Women's Home Companion* erscheinen würden. Warum also überhaupt Sonette schreiben? Nun, ein Grund – und das ist auch ganz in Ordnung und lobenswert – war sicherlich die Hoffnung, *doch* irgendwie in den *Women's Home Companion* zu kommen. Aber es gab noch andere, viel wichtigere Gründe. Und – man staune – wenn man diese anderen Gründe nicht hat, wird das Sonett niemanden hinter dem Ofen hervorlocken, und man bekommt vom *Women's Home Companion* eine Absage.

Vielleicht war es zum Teil schlicht und einfach der Wunsch, anderen Leuten zu beweisen, dass er dazu überhaupt in der Lage war. Aber eigentlich ging es ihm darum, einer ganz bestimmten Angebeteten mitzuteilen, dass er sie liebte. (Wobei natürlich hinzugefügt werden muss, dass die Leute damals zu allen möglichen Anlässen wunderschöne Sonette schrieben:

Gebete, empörte Briefe an Geschäftspartner, Erörterungen zu politischen Themen.)

Aber bleiben wir einmal bei unserem Beispiel: Der Edelmann schrieb also das Sonett, um seiner Auserkorenen zu sagen, dass er sie liebte. Sein Brustkorb schmerzte förmlich, so sehr drückten die eingepferchten Gefühle von innen gegen seine Rippen. Sie mussten heraus. Und er ließ sie unter Aufbietung seiner ganzen Eloquenz, Schönheit und Glut aufs Papier fließen.

Und obwohl sein Sonett niemals in einem Magazin erschien und er auch nie einen Heller damit verdiente, würde man wohl kaum behaupten können, dass es ihm nichts gebracht hätte, das Sonett zu schreiben. Und jemand, der einen Choral von Bach singt, ohne dass er dafür bezahlt wird, tut dies in gleicher Weise und zieht gleichwohl seinen Gewinn daraus. Oder denken Sie noch mal an die kleinen Schauspielerinnen. Ich erinnere mich nicht, dass sie darauf aus gewesen wären, mit ihren Aufführungen einen Mindestlohn von fünf Groschen pro Stunde plus Gewerkschaftszulage zu erzielen.

Er lohnte sich für den Edelmann, das Sonett zu schreiben, weil er sich auf diese Weise seiner Gefühle bewusster wurde und sie besser verstehen konnte. Er erfuhr mehr darüber, was Liebe bedeutet, welche seiner Gefühle Schwindel (im doppelten Sinne des Wortes) und welche ehrenwert und echt waren. Außerdem entdeckte er ganz nebenbei, wie schön die italienische oder die eigene Muttersprache waren.

Wenn Sie die Briefe von van Gogh lesen, werden Sie erkennen, worin für diesen der Impuls für sein schöpferisches Werk bestand: Er liebte die Menschen. Er wollte den Menschen zeigen, wie schön der Himmel ist. Also malte er den Menschen einen Himmel. So einfach war das. Als zwanzigjähriger junger Mann lebte van Gogh in London und wollte Wanderprediger werden. Er dachte nicht im Traum daran, Maler zu werden.

Er saß gerade in seiner bescheidenen Kammer und schrieb einen Brief an seinen geliebten Bruder in Holland. Er sah aus dem Fenster in ein wässriges Zwielicht, er sah einen schlanken Laternenpfahl, einen Stern. Und dann schrieb er etwa folgendermaßen: »Es sieht so bezaubernd aus, dass ich es dir zeigen muss.« Und auf dem linierten Blatt eines billigen Notizblocks fertigte er dann die schönste, zarteste Zeichnung davon an.

Als ich diesen Brief von van Gogh las, fühlte ich mich sehr erleichtert. Und überhaupt schien der Brief Licht in die Frage zu bringen, was »Kunst« bedeutet. Anfangs hatte ich die Vorstellung, dass man immer, bevor man ein Bild zu malen oder ein literarisches Werk zu verfassen beginnt, stirnrunzelnd schweren Gedanken nachhinge, sorgfältig das Für und Wider abwäge und sich eingehend mit allen Künstlern beschäftige, die vor einem gelebt haben, von welcher Schule sie kamen und wer sie beeinflusst hat. Und dann müsse man sich sehr bedacht mit der *Bildaufteilung* und der *Ausgewogenheit der Komposition* befassen und damit, wie sich interessante *Ebenen* aufbauen lassen. Außerdem habe man unter allen Umständen alles, was in irgendeine akademische Richtung weisen könnte, zu vermeiden und strikt *modern* zu sein. Und so weiter und so fort.

Aber in dem Moment, als ich van Goghs Brief las, wusste ich, worin Kunst und der schöpferische Impuls bestanden. Es ist ein Gefühl der Liebe und der Begeisterung für etwas. Auf unmittelbare Weise, einfach, leidenschaftlich und wahrhaftig, versucht man, anderen Menschen die Schönheit der Dinge zu zeigen, indem man sie für sie aufzeichnet. (Es können auch

Gefühle des Hasses und der Verachtung sein. Allerdings hat es den Anschein, als seien die Werke jener, deren treibende Kraft die Liebe war, bedeutender als die Werke derer, die aus dem Hass heraus gearbeitet haben.)

Im Unterschied zu van Gogh würden wir zwar auch in den Himmel schauen und ihn schön finden, aber wir würden vielleicht nicht so weit gehen, jemand *anderem* zu zeigen, wie schön er aussieht. Das liegt möglicherweise daran, dass uns der Himmel nicht so viel bedeutet – oder die anderen Menschen. Aber in den meisten Fällen, so meine ich, liegt es daran, dass wir selbst durch alle möglichen Entmutigungen dahin gekommen sind, zu glauben, es sei *bedeutungslos*, was wir empfinden, wenn wir den Himmel betrachten.

Van Goghs kleine Zeichnung auf dem Notizzettel ist ein Kunstwerk, weil er den Himmel zusammen mit dem schlanken Laternenpfahl so aufrichtig geliebt hat, dass er die Zeichnung mit größter Wachheit und Sorgfalt anfertigte. Was er liebte, bildete er so getreu wie möglich ab. Sie oder ich hätten, wenn überhaupt, vielleicht eine Skizze angefertigt. Nun, das wäre auch schon ganz gut gewesen. Aber van Gogh zeichnete mit ganzer Aufmerksamkeit und Hingabe.

Folgendes hat van Gogh über Menschen wie unsereins geschrieben, deren schöpferischer Impuls – statt einfach authentisch zu sein – sich in einem Wirrwarr aus Beeindrucken-Wollen und dem, was ein Künstler nach Meinung von Kritikern tun sollte, verfangen hat:

> Wenn ich sehe, wie junge Maler aus der *Erinnerung* heraus gestalten und zeichnen und wie sie dann rein zufällig nach Lust und Laune etwas darüber schmieren, *wieder aus der Erinnerung heraus*, – und dann halten sie es von sich weg und machen ein geheimnisvolles, düsteres Gesicht und versuchen herauszufin-

den, wonach in Gottes Namen es wohl aussehen könnte, bis sie schließlich und endlich irgendetwas darin ausmachen, immer aus der *Erinnerung* heraus – ekelt mich das manchmal an, und ich finde das alles sehr ermüdend und geistlos.
Sie können nicht verstehen, dass die Gestalt eines Arbeiters, ein paar Fichten auf einem gepflügten Feld, ein bisschen Sand, Meer und Himmel, alles ernst zu nehmende Objekte sind, so diffizil und gleichzeitig so schön, dass es sich tatsächlich lohnt, sein Leben der Aufgabe zu widmen, die Poesie, die sich in ihnen verbirgt, zum Ausdruck zu bringen.

Ich möchte Ihnen zeigen, dass der schöpferische Impuls van Goghs, eines großen Genies, einfach darin bestand, das, was er sah, zu lieben und es dann mit anderen Menschen teilen zu wollen – nicht um Eindruck zu schinden, sondern aus Großzügigkeit. Und deshalb werde ich Ihnen ein paar Dinge zeigen, die er gesagt hat. Denn was er in sich trug, ist etwas, das wir alle in uns tragen und das Sie aus sich herauslassen sollten. Ich werde Sie immer wieder daran erinnern müssen, dass dies der einzige Sinn und Zweck des vorliegenden Buches ist.

Van Gogh sagte:

> Meine einzige Sorge ist das, wozu ich in der Lage bin (…) könnte ich nicht zu etwas taugen und für irgendetwas zu gebrauchen sein? (…) Und in einem Bild versuche ich etwas zu sagen, das Trost spendet wie die Musik.

Er sagte:

> Wir unternehmen wunderschöne Spaziergänge zusammen. Hier ist es sehr schön, wenn man alles mit offenem, einfachem Blick ohne Balken vor den Augen betrachtet. Aber wenn man dies tut, ist es überall schön.
> Der Maler versteht die Natur. Er liebt sie und lehrt uns, sie zu sehen.

Er erzählt:

> Als wir des Abends über die Heide von Zundert zurückfuhren, gingen Vater und ich ein Stück; die Sonne ging rot hinter dem Tannenwald unter, und der Abendhimmel spiegelte sich in den Tümpeln. Die Heide und der gelbe, weiße und graue Sand waren so voller Ton und Stimmung – sieh, es gibt manche Augenblicke im Leben, wo alles, auch in uns selbst, Friede und Stimmung ist und das ganze Leben uns vorkommt wie ein Weg durch die Heide; aber das ist nicht alle Zeit so.*
>
> Dass mein Leben damals weniger kompliziert war, das hat sich verändert, aber was den inneren Zustand angeht, so hat sich nichts verändert. Wenn überhaupt etwas anders ist, dann dies: dass ich jene Dinge ernsthafter denke, glaube und liebe, die ich schon damals gedacht, geglaubt und geliebt habe.
>
> Oh, als ich krank war, war feuchter Pappschnee gefallen. Ich stand nachts auf und schaute hinaus auf das Land. Nie, noch niemals zuvor, war mir die Natur so ergreifend und voller Gefühl erschienen.

Und er erzählt auch:

> In ein paar Jahren muss ich eine bestimmte Arbeit abschließen. Ich muss mich nicht hetzen – das bringt auch nichts –, aber ich muss voller Ruhe und Heiterkeit weiterarbeiten, so regelmäßig und konzentriert, so knapp und prägnant wie möglich.
>
> Die Welt interessiert mich nur insoweit, als ich ihr gegenüber eine gewisse Schuld und Verpflichtung verspüre und aus Dankbarkeit etwas zur Erinnerung in Form von Zeichnungen oder Bildern hinterlassen möchte – nicht, um einer bestimmten Kunstrichtung gerecht zu werden, sondern um wahrhaftiges menschliches Gefühl zum Ausdruck zu bringen.

Sie sehen also, dass der Impuls, der van Gogh antreibt, in jedem von uns steckt. Aber in unserem Fall ist er diffus und

* Vincent von Gogh, *Briefe an seinen Bruder*, Bd. 1, Berlin 1927, S. 148

durch alle möglichen Bedenken verstellt: »Wird diese Arbeit gut oder schlecht?« – »Wäre das Kunst?« – »Wäre das modernistisch genug und nicht zu akademisch?« – »Würde sich so was wohl verkaufen?« – »Lohnt es sich unter ökonomischen Gesichtspunkten überhaupt, die Zeit zu investieren und es zu versuchen?«

Nun, van Gogh ist einer der ganz großen Maler. Zu Lebzeiten verdiente er insgesamt nur 109 Dollar mit dem Verkauf seiner Bilder. Heute sind seine Bilder unschätzbar. Er hatte ein schweres Leben – Einsamkeit, Armut und Hunger trieben ihn in den Wahn. Und dennoch war es ein großartiges Leben – das glücklichste, das am hellsten glühende. Und sehen Sie, ein paar Worte, die er in seinen Briefen geschrieben hat, haben so viele Jahre nach seinem Tod mein ganzes Leben verändert!

Mit der wichtigste Lohn schöpferischer Arbeit ist das erweiterte Verständnis, die Erhellung. Indem er den Himmel malte, konnte van Gogh ihn tatsächlich besser sehen und bewundern, als wenn er ihn einfach nur angeschaut hätte. Ebenso – und das habe ich den Leuten in meinem Seminar immer wieder gesagt – werden Sie nie *wirklich* wissen, wie Ihr Ehepartner aussieht, es sei denn, Sie versuchen, ihn zu zeichnen. Und Sie werden ihn niemals verstehen, es sei denn, Sie versuchen, seine Geschichte aufzuschreiben.

Ich erzähle Ihnen diese Dinge wegen der Schwierigkeiten, die ich selbst hatte. Ein hemmender Störfaktor war für mich immer die Frage: »Wird es Geld bringen?« Aber wenn man darüber ständig nachdenkt, wird man am Ende nur feststellen, dass man mit der Arbeit entweder *kein* Geld verdient, weil sie so leer, trocken, berechnend und leblos ist, oder *doch* welches verdient, man sich aber seiner Arbeit schämt. Die veröffentlichten Werke werden dann Ekelpusteln bei einem hervorrufen.

Ein weiterer großer Stolperstein, der mich in meinem Schaffen eingeschränkt hat, war der Gedanke, dass das Schreiben (zumal ich ja ein Vermögen damit machen und die Öffentlichkeit in schieres Erstaunen versetzen wollte) etwas war, womit man beeindrucken kann, womit man zu einer virtuosen und bedeutenden Persönlichkeit wird. Denken Sie aber immer daran, dass *jede* Triebfeder, die Ihnen Lust aufs Schreiben macht, in Ordnung ist. Nutzen Sie sie. Fangen Sie an. Wenn Sie die Öffentlichkeit beeindrucken wollen, versuchen Sie es. Viel Glück! In meinem Fall war es hinderlich und zeitigte Werke, von denen einem schlecht wird. Ich möchte Sie nur darauf hinweisen, dass die Triebfeder, Eindruck in der Öffentlichkeit zu schinden, irgendwann ausleiert und Ihre Arbeit dann für Sie selbst enttäuschend sein könnte. Aber wenn solch ein Egotrip oder Exhibitionismus Sie dazu bringt, mit der Arbeit loszulegen, freue ich mich. Dann liegt ein großer Segen darin, denn im Verlaufe Ihrer schriftstellerischen Arbeit werden Sie diese Motive überwinden und zu einer anderen, reicher sprudelnden Kraftquelle gelangen.

Aber schließlich habe ich von William Blake, van Gogh und anderen großartigen Menschen sowie von mir selbst gelernt – von meiner inneren Wahrheit, für die ich irgendwann einfach geradegestanden habe, so wie ich auch Sie jetzt dazu ermuntern möchte, zu *Ihrer* inneren Wahrheit zu stehen – und begriffen, dass es sich beim Schreiben um Folgendes dreht: Man will ein Gefühl oder etwas, das für einen selbst wahr und wichtig ist, mit anderen Menschen teilen. Nicht, um sie zu bekehren, sondern um es ihnen einfach anzubieten, zu schenken, so sie Wert darauf legen, es zu hören. Wenn nicht, auch gut. Es muss ja niemand zuhören. Das ist völlig in Ordnung. Niemals würde ich in eines der beiden Extreme fallen (denn beide sind falsch), die da lauten: »Ich habe nichts von Belang zu erzählen, was andere interessieren könnte.« Oder: »Das große Publikum will ja sowieso nur Schund.«

Nachdem ich das begriffen hatte, konnte ich frei und heiter schreiben, statt mich eingeengt und schuldig zu fühlen, weil ich so eingebildet war, oder statt mich von Verbissenheit und *Erfolgsstreben* antreiben zu lassen, wie jene Geschäftsleute, die – immer in Aktion und auf dem Egotrip – die Liebe und die Fantasie völlig vergessen haben und früher oder später zu emotionalen Krüppeln werden, geistig verkalkt und kreativ wie Mumien. (Ich darf das so sagen, weil ich in diesem Punkt eigene Erfahrungen gemacht habe – wenn auch in begrenztem Umfang. Jedenfalls bemühe ich mich, nicht über Dinge zu wettern, mit denen ich persönlich noch nie in Berührung gekommen bin.)

Man verliert seine Kreativität sowohl im Geschäftsleben als auch in allen anderen Bereichen. Denn natürlich kommt das Schöpferische im Geschäftlichen genauso wie in allem anderen zum Ausdruck. Ich kenne einen Geschäftsmann, bei dem jeder Satz mehr Leben, Weitblick und Großzügigkeit enthält als das, was so mancher Künstler von sich gibt. Aber was es im Geschäftsleben so schwierig macht, das schöpferische Feuer frei und verschwenderisch wie in der Kunst brennen zu lassen, ist, dass man dort nicht so kompromisslos großzügig sein kann, die Löhne höher und höher klettern lassen und all seine Erzeugnisse umsonst und voller Liebe der Öffentlichkeit zur Verfügung stellen kann.

Zu sehen, dass Schreiben keine Show, sondern ein Akt der Großzügigkeit ist, hat mich dazu gebracht, gerne zu arbeiten.

Hier habe ich etwas gefunden, das ich jemandem vor einigen Jahren geschrieben habe:

Entschuldige bitte, aber vielleicht solltest du wieder schreiben. Ich finde, »kreative Arbeit« (verzeih mir den Ausdruck)* birgt etwas Notwendiges, Lebenspendendes. Sie ist wie ein Wasserhahn: Nichts kommt heraus, solange man den Hahn nicht aufdreht, und je mehr man ihn aufdreht, desto mehr kommt heraus.

Es liegt an dem widerlichen Materialismus des 20. Jahrhunderts, der uns vor die Frage stellt: »Was ist schon der Sinn und Zweck beim Schreiben, Malen usw., wenn man kein Publikum hat oder nicht in harter Währung dafür vergütet wird?« Sokrates und die Menschen der Renaissance haben so viel geschaffen, weil der Lohn *in* ihrer Arbeit lag, das heißt darin, dass ihre Seele sich dabei entfaltete und wuchs.

Ja, wir haben alle eine materialistisch durchdrungene Einstellung zu diesen Dingen. »Wieso könnte es sich sonst lohnen«, so fragen wir, »etwas anzupacken, wenn nicht für den Applaus oder das Geld? Denn schließlich lebt man nur einmal.« Sokrates und die Griechen fanden, dass ein Mensch sein Leben der Pflege seiner Psyche widmen sollte (»Psyche« bedeutete sowohl Intelligenz, Fantasie, Geist und Verständnis als auch die Persönlichkeit). Denn die Psyche war sehr wahrscheinlich unsterblich.

Ich denke, es ist ganz in Ordnung, Geld für seine Arbeit zu verlangen und zu arbeiten, um sich Dinge, die einem Freude bereiten, kaufen zu können, auch wenn es sich dabei um Kleinigkeiten handelt. Der Fehler besteht aber darin zu glauben, dass nicht die Arbeit selbst, die Anstrengung und die Suche, das Wichtige und Aufregende an der Sache ist. Man kann einfach keine billige, populäre Geschichte schreiben, ohne dabei ein tieferes Verständnis für das Billige zu erlangen. Aber genug davon, sonst werde ich hier noch allzu hitzig.

* Das Wort »kreativ« zu benutzen war mir schon immer etwas unangenehm. Es ist schon von so vielen salbungsvollen Leuten überbeansprucht worden. Aber ich muss das Wort gebrauchen, denn es ist genau das, was ich meine.

So, jetzt habe ich Ihnen genügend Gründe dafür an die Hand gegeben, sich von nun an bis an Ihr Lebensende mit wahrer Liebe, Fantasie und Verstand an die Arbeit zu machen – sei es, dass Sie schreiben, sei es, dass Sie etwas anderes tun, das Ihnen wichtig ist. Wenn Sie das beherzigen, werden von den Bergen Papier, die Sie beschreiben, vielleicht ein paar Maulwurfshügel veröffentlicht. Oder Sie werden steinreich oder ergattern den Nobelpreis für Literatur. Aber auch wenn *nichts* von Ihrem Werk jemals veröffentlicht wird und Sie keinen Pfennig damit verdienen, bleibe ich dabei: Es wird Ihnen gut tun zu schreiben.

KAPITEL 4

Die Vorstellungskraft arbeitet langsam und still

Nun will ich versuchen, Ihnen zu vermitteln, worin die schöpferische Kraft besteht, wie Sie diese in sich entdecken und von all Ihren nervösen Zweifeln und Kontrollmechanismen unterscheiden können. Und wie Sie das Schöpferische und die bloße Erinnerung voneinander trennen können. Denn Erinnerung und Angelerntes (das Gestrüpp aus »harten Fakten«, mit dem Sie sich zugedeckt haben) können das Ganze leicht unter sich begraben.

Wenn wir den Begriff »Inspiration« hören, denken wir zunächst an etwas, das wie ein Blitz vom Himmel saust. Mit einem verklärten Leuchten in den Augen, zerwühltem Haar und in fieberhaftem Aufruhr beginnt der Dichter oder Maler, von einem Moment auf den anderen wie wild zu schreiben oder zu malen. Zumindest ich habe mir immer vorgestellt, dass die Inspiration so aussehen müsse, aber ich habe tatsächlich nie etwas erlebt, das dieser Vorstellung auch nur im Geringsten geähnelt hätte.

Nun, die Vorstellung ist auch falsch. Inspiration kommt nämlich ganz allmählich und leise. Nehmen wir an, Sie wollen schreiben. Am ersten Tag wird Ihnen nicht allzu viel einfallen. Vielleicht gar nichts. Sie werden an Ihrem Schreibtisch sitzen, aus dem Fenster schauen und sich geistesabwesend zwei Stunden lang übers Haar streichen. Machen Sie sich nichts daraus. Es ist in Ordnung. So soll es sogar sein, auch wenn Sie dabei vor dem Schreibtisch sitzen bleiben und während dieser verträumten Zeit wissen müssen, dass Sie schreiben werden, dass Sie etwas aufs Papier bringen werden – früher oder später. Und Sie müssen auch entschlossen sein, morgen wieder für eine Weile dort zu sitzen, den folgenden Tag auch und so fort, für immer und alle Zeiten.

Unsere Vorstellung, wir müssten ständig voller Energie und Aktivität sein, ist vollkommen falsch. George Bernard Shaw sagte einmal, es stimme gar nicht, wie landläufig erzählt wird, dass Napoleon alle Sekretäre und Adjutanten permanent mit Entscheidungen überhäuft habe. Vielmehr sei er oft über Monate gedrückt und unentschlossen durch die Gegend geschlichen. *Natürlich* ist er das! Und deshalb behaupten diese smarten, energischen, ungeduldigen Jetzt-oder-nie-Leute so häufig, sie seien nicht kreativ genug. Das sind sie schon, allerdings müssten sie dazu ein gut Teil ihrer Zeit einfach im Leerlauf verbringen, von allem losgelöst und vollkommen allein, so wie ein Müßiggänger, der am Ufer sitzt und seine Angel ins Wasser hält. Einfach ruhig schauend und denkend, ohne ständig irgendetwas zu *steuern* (ohne Zweifel würde meine Terminologie einem Psychologen Schauer über den Rücken jagen, aber das wäre mir ziemlich schnuppe). Dieses ruhige Schauen und Denken ist die Imagination – es bedeutet, Ideen in sich hineinzulassen. »Steuern« bedeutet, etwas zu tun, was man schon kann, etwas, das ein anderer Mensch an einen herangetragen hat.

Man lernt nichts dabei. Und es bewirkt, dass die Seele sofort steril und welk wird, weil man so sehr damit beschäftigt ist, schnell, zackig und effizient eine Sache nach der anderen zu erledigen, dass man keinen Raum mehr für eigene Ideen hat, die Konturen gewinnen, sich allmählich entwickeln und zu strahlen beginnen könnten. Wenn Sie etwas steuern, einen Beschluss fassen, sich verbeißen, bringen Sie damit die eingebildete Angst zum Vorschein, Sie könnten es andernfalls nicht schaffen. Wenn Sie stattdessen einfach *wüssten*, dass Sie etwas ganz bestimmt tun werden, würden Sie mit einem glücklichen, sicheren Lächeln herumlaufen. Aber die Angst überkommt Sie, und plötzlich – die Vorstellungskraft ist ja *immer* sehr schöpferisch, so auch hier – schlittern Sie für Wochen oder Jahre in einen Sumpf; genau das, was Sie befürchtet hatten und wogegen Sie angekämpft haben.

Und warum müssen diese resoluten Leute immer alles steuern? Weil sie voller Befürchtungen stecken, die sie dazu antreiben, sich selbst und andere zu kontrollieren und zu bevormunden – alles aus einem Streben nach finanzieller oder sonstiger Sicherheit heraus. Wenn man seine Kinder bevormundet und ihnen ständig sagt, wo es langgeht, heißt das nichts weiter, als dass man glaubt, sie würden andernfalls auf wackligem Boden stehen.

Wie töricht zu glauben, Bevormundung könne dies verhindern und nur man selbst wüsste den richtigen Weg! Vielleicht versucht man aber auch, durch Willenskraft sich selbst zu etwas zu zwingen, um damit die eigene Bedeutsamkeit, sei sie finanzieller, künstlerischer, ethischer oder sonstiger Art, sicherzustellen.

Aber die wirklich großen Künstler, wie Michelangelo, Blake und Tolstoi, wie Jesus – den Blake ja als Künstler bezeichnet hat, weil er eine der reichsten und schöpferischsten Vorstellungsgaben besaß, die es je auf Erden gegeben hat – wollen keine egoistische oder materielle Sicherheit. Warum das so ist, das ist ihnen selbst nicht klar.

> Wer aber von euch vermag mit seinen Sorgen seiner (Lebens-) Länge eine einzige Elle hinzuzufügen? (...) Sorgt euch also nicht um den morgigen Tag.*

Sie haben eben einfach den Mut zum Müßiggang, das heißt den Mut, sich selbst nicht permanent unter Druck zu setzen und irgendwelchen Pflichten hinterherzujagen. Sie trauen sich, andere Menschen, sogar die schlechten, zu lieben. Sie trauen sich, ihre Mitmenschen *nicht* zu dominieren und ihnen *nicht* zu sagen, was sie zu ihrem eigenen Besten zu tun und zu lassen haben. Denn große schöpferische Menschen wissen, dass die Freiheit eines jeden immer zu seinem Besten ist, weil dann seine Fantasie (oder sein Bewusstsein oder der Heilige Geist) sich einen eigenen Weg bahnen kann, auch wenn Sie oder ich, Polizist oder Kirchgänger diesen Weg ganz übel finden.

Aber ich würde an nichts Kritik üben, das heißt, ich würde Ihnen nicht sagen, was Sie alles falsch machen, ohne Ihnen etwas mitzugeben, das Ihnen Lust auf eine Veränderung machen könnte. Ich verspreche Ihnen also, dass ich das tun werde. Ich werde versuchen, den verbissenen, von Zwängen getriebenen Menschen einen Weg zu zeigen, wie aus ihnen möglicherweise fantasievolle Leute voller Schaffenskraft werden.

Ich spreche hier von diesen törichten Anbetern von Verordnungen, die nach Maximen leben, nach einer Checkliste und den Zehn Geboten. Aber nicht auf eine kreative Weise, so als erreiche eine wundervolle, große Maxime plötzlich ihr Innerstes und brächte dort eine kleine stille Bombe der Erkenntnis zum Platzen, sondern mechanisch.

»Du sollst Vater und Mutter ehren ...« Den geschäftigen, steuernden Jetzt-oder-nie-Menschen begleitet dieses Gebot

* Matthäus 6,27–34

täglich. Er beißt die Zähne zusammen und glaubt *tatsächlich*, seine Eltern zu ehren, was er aber in Wirklichkeit mitnichten tut. Natürlich merken seine Eltern das, denn nichts lässt sich durch ein lediglich zur Schau getragenes Verhalten verbergen.

Der müßiggängerische, kreative Mensch sagt sich: »Du sollst Vater und Mutter ehren. ... Das ist interessant. ... Ich scheine sie nicht allzu sehr zu ehren. ... Ich frage mich, woran das wohl liegen mag.« Und sein schöpferischer Geist wandert weiter, bis er vielleicht an einen Punkt der Wahrheit gelangt, zum Beispiel zur Einsicht, dass sein Vater ein launischer und beschränkter Mann und seine Mutter eben nicht besonders klug ist. Das betrübt ihn nun und er wird nachdenklich. Unablässig hofft er, es möge ihm ein Licht von irgendwoher erscheinen, das ihm die Angelegenheit erhellen möge. Er probiert aus, was seine Vorstellungskraft hergibt, zum Beispiel gutmütiger zu sein oder sein aufbrausendes Verhalten zu zügeln. Und vielleicht denkt er irgendwann: »Sind *sie* es, die launisch und langweilig sind, oder liegt es bloß daran, dass ich das als kleiner Mensch so *sehe*?« Und er fährt fort, mit seiner Imagnation eine Antwort zu finden. Und wer weiß, nach einer Weile wird ihm vielleicht sogar klar, was Christus getan hat (welcher, wie gesagt, einer der fantasievollsten Menschen war, die je gelebt haben, und dessen Leben sich leidenschaftlich gegen alles mechanische Befolgen egal welcher Regeln gerichtet hat) und wie man andere Menschen mit all ihrer Begrenztheit achten und lieben kann, sofern man großherzig und einfallsreich genug ist.

Also, Sie sehen es schon: Die Imagination braucht das Umherschweifen, den langen, uneffizienten Müßiggang, das fröhliche Zeitverplempern und Herumtrödeln. Diese Leute, die ständig irgendetwas »zack, zack!« zu erledigen haben, geschäftig wie tanzende Mäuse, kommen immer mit solchen knappen, spitzen, pointierten Ideen daher: »Ich habe herausgefunden, wie ich meine jährlichen Ausgaben für Fleisch- und Wurstwaren um drei Mark siebenundvierzig senken kann.« Aber sie haben keine allmählich wachsenden großartigen Ideen. Und je weniger versöhnliche, edle, erhellende, freie, unbeschwerte, großmütige Gedanken sie haben, desto hektischer und verzweifelter rasen sie von Büro zu Büro, treppauf und treppab – in der Hoffnung, ihr Leben möge durch diesen Aktionismus doch noch ein wenig an Spannung und Sinn gewinnen.

Der große Philosoph und Mystiker Plotin sagte:

> Es gibt Menschen, zu kraftlos für Beschaulichkeit*. Unfähig, sich aus der Schwäche ihrer Seele zur Beschaulichkeit emporzuschwingen, unfähig, die geistige Wirklichkeit zu betrachten, auf dass diese sie erfüllen möge, dennoch sich danach verzehrend, sie zu sehen, sind sie gezwungen zu handeln, auf dass sich ihnen jenes offenbare, welches ihr geistiges Auge nicht erblicken konnte.

Nun aber zurück zu meinem Thema, dem Schreiben. Wenn Sie schreiben, müssen in Ihnen zunächst gute Ideen keimen, damit Sie überhaupt etwas zum Niederschreiben haben. Wenn die guten Ideen nicht gleich kommen oder lange auf sich warten lassen, bleiben Sie unbesorgt. Warten Sie einfach ab. Notieren Sie die kleinsten Ideen, egal wie bedeutungslos sie sein mögen. Vor allen Dingen aber hören Sie auf, sich wegen Ihrer Faulenzerei und Einsiedelei ein schlechtes Gewissen zu machen.

Wenn natürlich die Faulheit mehr einem Sumpf gleicht, sprich: wenn Unentschlossenheit, Verdruss und Sorge sich breitgemacht haben oder wenn sie von Überfütterung und kör-

* Das ist sein Ausdruck für das, was ich die Imagination nenne.

perlicher Trägheit herrührt, dann ist das nicht so toll, sondern schlimm und unfruchtbar. Oder wenn es sich um jene Art von Trägheit handelt, der sich viele Leute anstelle schöpferischer Muße hingeben, nämlich die, seinen Kopf mit allem möglichen gedruckten Blödsinn wie Krimis und Tageszeitungen vollzumüllen, ist das schade und alles andere als kreativ. Hierunter fällt meiner Meinung nach auch ein Großteil der lauten, abgegriffenen und oberflächlichen geselligen Konversation, Kartenspielen sowie alles, was von Menschen gelesen wird, ohne die geringsten Spuren zu hinterlassen.

Ich meine damit das Lesen zum bloßen Zeitvertreib. Aber natürlich hinterlässt das auch Spuren – es lässt die Seele langsam verkümmern.

Aber wenn es sich um jene träumerische Muße handelt, die man auch bei Kindern* beobachten kann, eine Muße, die man an den Tag legt, wenn man einen langen, einsamen Spaziergang macht, Stunden mit dem Ankleiden zubringt, nachts im Bett liegt und die Gedanken schweifen lässt, ein Beet umgräbt, stundenlang allein mit dem Auto unterwegs ist, Klavier spielt, näht oder *allein* malt oder – und das ist die Art von Müßiggang, zu dem ich Sie hinführen möchte – mit Stift und Notizblock vor dem Schreibtisch sitzt und still zu Papier bringt, was einem

* Sie werden dagegenhalten, dass Kinder nicht täglich mehrere Stunden lang allein sind, das auch gar nicht wollen und dennoch kreativ sind. Aber Kinder versuchen nicht, die Dinge jederzeit zu *steuern*. Sie sind frei von jedwedem Pflichtbewusstsein und allen ängstlichen Verspannungen. Wenn ein Kind mit seinen Eltern irgendwo hinfährt, macht es sich keinen Kopf darum, ob man nun zu spät oder zu früh ankommen wird, ob auch der Ofen zu Hause zwischenzeitlich nicht ausgehen wird usw., sondern es ruht in sich, schaut aus dem Fenster, betrachtet und denkt sich was. Es lebt in der Gegenwart. Deshalb genießen Kinder es so, zu schauen und zuzuhören. Deshalb können sie Erwachsene so gut nachmachen. Sie verfügen über eine ungeheure Konzentration, weil ihr einziges Anliegen darin besteht, sich für Dinge zu *interessieren*. Später werden sie dann gedrillt, sich zur Konzentration zu zwingen, und ihre Imagination wird, wie bei uns übrigen Menschen, trübe und verkrampft sich.

gerade in den Sinn kommt, dann ist das eine *schöpferische* Art der Muße. Ich sage und versichere Ihnen nochmals mit meinem ganzen Herzblut: Das sind die Zeiten, zu denen Sie allmählich von wärmender Imagination erfüllt werden, von wundervollen, lebendigen Vorstellungen und Gedanken.

Nun, bei einigen Menschen verhält es sich so: Wenn sie sich zum Schreiben hinsetzen und ihnen nichts Besonderes einfällt, keine einzige gute Idee, dann trinken sie literweise starken Kaffee, um in Gang zu kommen, rauchen eine Schachtel Zigaretten nach der anderen, bringen sich mit Alkohol in Stimmung oder putschen sich mit Drogen auf. Diesen Leuten ist nicht klar, dass gute Ideen eine gewisse Zeit brauchen, um zu reifen, und dass sie um so langsamer reifen – aber auch um so besser werden –, je klarer, ruhiger und freier von Stimulanzen man ist.

Es war Tolstoi, durch den ich darauf aufmerksam wurde. Früher habe ich den ganzen Tag lang Kaffee getrunken und zwei Päckchen Zigaretten geraucht. Auf diese Weise konnte ich mich immer wieder aufputschen, sodass ich von morgens bis abends und auch noch bis spät in die Nacht hinein schrieb. Und das mehrere Tage hintereinander. Aber das traurige Ergebnis war, dass meine Texte nicht sonderlich gut waren. Es kam zwar fließend, aber es war eben einfach nicht gut. Es war durchzogen von überheblichem, plattem und unechtem Zeug. In einem der folgenden Kapitel werde ich noch genauer darauf eingehen, warum solchermaßen gestrickte Sachen uninteressant sind. Obwohl ich damit eine ganze Bibliothek hätte füllen können, würde es nicht nur kein Mensch lesen wollen, sondern es hat mir auch selbst nicht gut getan, es zu schreiben. Wenn ich jedoch etwas Ehrliches und Gutes schreibe, wird es zumindest *mir* sehr gut tun, auch wenn es niemand lesen will. Tolstoi hat dazu Folgendes gesagt:

»Wenn ich nicht rauche, kann ich nicht schreiben. Ich komme nicht vorwärts. Ich fange an und weiß nicht weiter«, heißt es gewöhnlich. Was aber bedeutet das? Es bedeutet, dass man entweder nichts zu schreiben hat, oder dass das, was man eben schon niederschreiben wollte, im Bewusstsein noch nicht ausgetragen ist und uns nur verworren vorschwebt, und dies sagt uns der in uns lebendige schätzende Kritiker*, der nicht vom Tabak betäubt ist. Würden wir nicht rauchen, so würden wir entweder das Angefangene liegen lassen und eine Zeit abwarten**, bis das, was wir denken, uns klarer geworden ist, oder wir würden uns bemühen, uns tiefer in das hineinzudenken, was uns verworren vorschwebt, wir würden die Einwendungen, die uns kommen, überdenken und unsere ganze Aufmerksamkeit anspannen, um uns unsere Gedanken klar zu machen. So aber rauchen wir eine Zigarette, der in unserem Inneren richtende Kritiker*** wird betäubt, und das Hindernis unserer Arbeit ist beseitigt. Was uns, da wir vom Tabak nüchtern waren, nichtig und unnütz erschien, erscheint uns wieder bedeutend, was uns unklar schien, erscheint es nicht mehr; die Einwendungen, die uns gekommen waren, schwinden, wir schreiben fort und schreiben viel und schnell.****

* Mit dem »Kritiker« meint er an dieser Stelle das, was ich das aufrichtige Selbst nenne, die Vorstellungskraft, den Heiligen Geist oder das Bewusstsein. Es ist der Teil in uns, der unablässig auf der Suche ist, bemüht, das, was wir *wirklich* denken, von dem zu trennen, was wir glauben, denken zu sollen, von dem, was uns von bevormundenden Eltern, Lehrern oder Literaturkritikern übergestülpt wurde. *Diesen* inneren Kritiker liebe ich. Welchen ich verabscheue, ist jener (innere oder äußere) Kritiker, der unablässig berechnet, vergleicht, zur Vorsicht gemahnt, zur Blenderei auffordert, vor Fehlern warnt, Autoritäten zitiert und uns staubige, ängstliche Zweifel einimpft, indem er jedem erzählt, wo es langgeht. Nein, jeder Mensch muss sich von seinem eigenen Bewusstsein, von seinem eigenen Inneren, seinem schöpferischen, Wahrheit suchenden Kritiker leiten lassen.

** Indem man, wie gesagt, ungetrieben ist, einen langen einsamen Spaziergang macht, Zeit allein verbringt.

*** Das ist der Wahrheit suchende, kreative Kritiker.

**** Leo N. Tolstoi: *Warum die Menschen sich betäuben*, autorisierte Übersetzung, Berlin 1891, S. 32f.

Ich möchte Sie nicht drängen, mit dem Rauchen aufzuhören; das muss jeder für sich selbst entscheiden. Ich möchte lediglich darauf hinweisen, dass Tolstoi davon überzeugt war, dass gute Gedanke langsamen Schrittes kommen. Das also sollte Sie nicht beunruhigen; es wäre sogar eine schlechte Idee, Geistesblitze beschleunigen zu wollen. Möglicherweise kämen Ihnen dann plötzlich ganz viele Einfälle auf einmal, was aber nicht heißt, dass es auch gute oder interessante wären. Es verhält sich damit genauso, als würde man einem nachdenklichen, etwas müden Menschen ein paar starke Schnäpse einschenken: Nüchtern würde er nur die Dinge sagen, die ihm wichtig und interessant erscheinen, und all jene Gedanken für sich behalten, die ihm der Mitteilung nicht wert erscheinen. Er sortiert wegen seiner Müdigkeit. Nach den Schnäpsen allerdings lässt er seinen Gedanken freien Lauf und sagt alles, was ihm gerade einfällt. Denn er hat nun ganz viele Einfälle, aber diese sind so gehaltvoll wie das Gequassel geschwätziger Leute. Mit geistreicher Schöpfung hat das nichts zu tun, eher etwas mit einer Evakuierung des Geistes.

Und es war auch Tolstoi, durch den ich erfahren habe, wie wichtig der Müßiggang ist, eben weil gute Gedanken langsam kommen und ganz allmählich entstehen. Was wir heute zu Papier bringen, ist schon früher in unsere Seele geschlüpft, an einem Tag, als wir allein mit uns waren und uns dem Nichtstun hingegeben haben. Über den Helden in Dostojewskijs *Schuld und Sühne* sagte Tolstoi:

> Raskolnikows wirkliches Leben vollzog sich nicht in dem Augenblick, wo er der Schwester der Alten begegnete, sondern in dem Augenblick, wo er auch noch nicht die eine Alte erschlagen hatte, noch nicht in der fremden Wohnung mit der Absicht des Mordes gewesen war, die Axt noch nicht in der Hand gehabt,

noch nicht die Schlinge unter dem Mantel verborgen hatte, sondern in dem Augenblick, wo er gar nicht einmal an die Alte dachte, sondern auf sein Sofa hingestreckt, nicht etwa über die Alte nachdachte, auch nicht darüber, ob es einem Menschen erlaubt oder unerlaubt sei, nach eigenem Gutdünken einen unnützen und schädlichen Nebenmenschen von dem Antlitz der Erde zu vertilgen, sondern darüber, ob er in Petersburg bleiben solle oder nicht, ob er von der Mutter Geld nehmen solle oder nicht und über noch andere Fragen, die außer jedem Zusammenhang mit der Alten standen. Und damals wurden in dieser von der tierischen Tätigkeit vollkommen unabhängigen Sphäre die Fragen entschieden, ob er die Alte erschlagen solle oder nicht. Diese Fragen wurden nicht dann entschieden, als er die eine Alte getötet hatte und mit der Axt vor der anderen stand, sondern damals, als er nicht handelte, sondern dachte, als nur sein Bewusstsein arbeitete und in seinem Bewusstsein kaum merkliche Veränderungen vorgingen. Und eben in solchen Augenblicken ist für die richtige Beantwortung einer einzigen Frage die höchste Klarheit der Gedanken besonders wichtig, und eben in solchen Augenblicken kann ein Glas Bier, eine Zigarette die Lösung der Frage verhindern, diese Lösung hinausschieben, die Stimme des Gewissens verstummen machen, zur Lösung der Frage zu Gunsten der niederen tierischen Natur beitragen, wie dies auch bei Raskolnikow der Fall war.*

Wie gesagt, ich erzähle Ihnen das nicht, um Sie zu überreden, mit dem Trinken oder dem Rauchen aufzuhören (obwohl das ja nicht schlecht wäre), sondern um Ihnen zu erklären, dass das, was Sie heute schreiben, das Ergebnis einiger Mußestunden vergangener Tage ist, das Ergebnis einer ausgedehnten Zeitspanne, während der Sie vor Gesprächen und Geschäftigkeit geschützt waren.

* Leo N. Tolstoi: *Warum die Menschen sich betäuben*, autorisierte Übersetzung, Berlin 1891, S. 37 f.

Den Mord, den er erst viele Tage später ausführen sollte, hatte Raskolnikow bereits auf der Couch ersonnen, – nämlich als er krank, elend und verzweifelt war, weil er nicht wusste, was er gegen die Not seiner Mutter und Schwester tun könnte.

Und ebenso verhält es sich mit dem, was man heute schreibt: Es ist etwas, das man an einem anderen Tag in einer ruhigen Minute gedacht und erschaffen hat. Es passiert also zu einem *früheren* Zeitpunkt, dass Ihre Ideen und Visionen keimen, und wenn Sie dann Papier und Bleistift nehmen, haben Sie wirklich etwas zu erzählen, das nicht nur belangloses Gerede ist, sondern etwas Wahres enthält, das einem inneren Test unterzogen wurde und das auf einem stabilen Fundament steht. Natürlich wird Ihnen selten bewusst, dass just in dem Moment, während Sie gerade müßiggehen, etwas in Ihnen heranreift, was sich später aufzuschreiben lohnt. Sie werden bloß an nichts denken, lächeln und gut gelaunt sein wie immer, statt stirnrunzelnd die Gewichtigkeit Ihrer Botschaft abzuwägen. Wenn Sie dann anfangen zu schreiben, wird Ihnen gleich etwas Wahrhaftiges und Interessantes aus der Feder fließen.

Warum das Geschriebene unbedingt wahr sein muss, werde ich später noch erklären. Mit »wahr« meine ich nicht Fakten wie »1492 entdeckte Kolumbus Amerika«, sondern dass es Ihrem wahren Selbst und nicht irgendeinem theoretischen Selbst entspringen muss; dass es etwas sein muss, das Sie wirklich denken, lieben und glauben, und nicht etwas, womit Sie Eindruck zu schinden hoffen.

Deshalb wünsche ich Ihnen, dass Sie am Ball bleiben und jeden Tag etwas schreiben – selbst wenn es nur eine halbe Stunde ist (obwohl zwei besser, fünf beachtenswert und acht Stunden entzückend wären und von echter Wandlung zeugen würden) – oder zumindest für eine Weile am Schreibtisch sitzen und versonnen mit einer Haarlocke spielen. Denn wenn Sie beim Schreiben eine Pause von ein oder zwei Tagen einlegen, wird es um so schwerer, den Faden wieder aufzunehmen. Merkwürdigerweise bekommt man um so mehr Angst, mit dem Schreiben fortzufahren, je länger man damit pausiert. (Ich hoffe, dass es mir hier noch gelingen wird, Ihnen zu erklären, warum sich diese Angst einstellt und warum sie völlig unbegründet ist.) Man braucht jedes Mal wieder ein paar Stunden des Müßiggangs, wenn man nichts zu Papier bringt – und das ist für die Menschen der Leistungsgesellschaft, wo es ums Geschäft und um die Effizienz geht, einfach schwer zu ertragen ist. Man fühlt sich jedenfalls unbehaglich und hat ein schlechtes Gewissen.

Wie Sie sehen, befürchte ich, dass Sie womöglich zu der Ansicht kommen könnten, untalentiert zu sein und zum Schreiben nicht das Zeug zu haben, oder dass Sie – wie so viele wunderbar begabte Menschen – Ihr Schreibprojekt immer wieder vor sich herschieben, bis zum Sankt-Nimmerleins-Tag, bis alle Ihre Kinder mit dem Studium fertig sind, bis Ihr Ehepartner endlich in Rente geht, bis ...

KAPITEL 5

»Eher ein Kind in der Wiege morden, als untätig Wünsche nähren«

William Blake*

Ich will nicht gegen das Handeln zu Felde ziehen. Handeln ist großartig, und wir müssen handeln. Nicht ausgelebtes Verlangen sei der Nährboden für Seuchen, hat Blake gesagt: »Wer begehrt, aber nicht handelt, brütet Pestilenz.«** Deshalb sollen Sie auch nicht endlos vor sich hin brüten. Wenn wir gar nicht handeln (wenn sich unsere Einfälle nicht in unserer Arbeit oder in einer Veränderung unseres Wesens niederschlagen, sodass wir dazulernen, um wiederum bessere Einfälle zu haben), dann verfallen wir bestimmt. Manche Leute handeln (das heißt, sie bringen das, was sie in ihren stillen Stunden gedacht haben, zum Ausdruck), indem sie bessere Menschen, bessere Ärzte, bessere Geschäftsmänner oder bessere Mütter werden.

Wenn ich versuche, Sie mit dem vorliegenden Buch zum Handeln zu bringen, dann in der Weise, dass Sie einen Stift zur Hand nehmen und alles auf einen Schreib- oder Zeichenblock bringen; irgendwohin, wo Sie es betrachten können. Und wenn Sie es nicht gut finden, sollen Sie weiter handeln, indem Sie Gott und die Engel um Erleuchtung bitten und dann nochmals in Aktion treten. Denken Sie, und lassen Sie das Gedachte

* William Blake: *Werke*, »Sprichwörter der Hölle«, hg. v. G. Klotz, übers. v. W. Wilhelm, Berlin 1958, S. 275

** Ebenda, S. 269

heraus. Handeln Sie. Immer. Denken Sie eine Weile in Ruhe nach. Bringen Sie es eine Weile später in Ruhe heraus, ohne es zu steuern, sondern im Vertrauen auf Gott.

Ich kann nur hoffen, dass ich in diesem Buch an keiner Stelle so etwas gesagt habe wie: »Sie *müssen* es herauslassen. ... Sie *müssen* schreiben.« Sie – wir alle – sind schon viel zu viel Leistungsdruck und Befürchtungen ausgesetzt. Die Aufforderung »Sie müssen« springt uns viel zu oft an, als dass unsere Begabungen sich frei und unbeschwert entfalten könnten. Ich möchte Sie nicht vor dem Handeln an sich warnen, ich möchte Sie nur ein wenig aufmuntern, wenn ich Ihnen sage, dass getriebenes, leeres, permanent forciertes* Handeln steril ist. Je schneller Sie rennen, um einen Haufen sinnlosen Krams zu erledigen, desto weniger lebendig sind Sie.

Wenn Sie also schreiben wollen, probieren Sie Folgendes: Ziehen Sie sich allein in Ihr Zimmer zurück. Nehmen Sie sich vor, für wenigstens eine halbe Stunde, ohne jede Hast, etwas zu tun, was keinen Sinn hat. Nehmen Sie sich einen Stift, setzen Sie sich vor den Schreibtisch, schauen Sie aus dem Fenster. Und vielleicht (wenn Ihnen gerade der Sinn danach steht) notieren Sie sich – präzis, in tiefer Versunkenheit, ruhig und mit träumerischer Aufmerksamkeit –, welche Farben Sie am Himmel sehen: »Stern ... vier Punkte ... gelb.« Machen Sie sich nicht die Mühe, vollständige Sätze zu formulieren (es sei denn, Sie wollen es). Oder schreiben Sie einfach verträumt und unbeschwert nieder, was Ihnen gerade durch den Kopf geht:

* Unter »forcieren« versteht man im Allgemeinen, dass man etwas verbissen oder voller Trotz tut, während man seiner Einbildungskraft gestattet zu behaupten, jeder finde, man sei schlecht in dem, was man tut, und es sei sowieso dummes Zeug, womit man sich da beschäftigt. Aus »Forciertheit« tun Menschen bemerkenswerte Dinge. Aber das gilt mehr für Soldaten und Geldhaie, die ihr Leben allem möglichen Übel widmen, obwohl ihr Geist ihnen sagt, dass es furchtbar und sinnlos ist.

»Heute habe ich anscheinend überhaupt keine Lust zu arbeiten. Woher kommt diese Schwergliedrigkeit?« (Vielleicht stellen Sie fest, dass Sie auf diese Weise eine brillante, ehrliche, erhellende Beschreibung von diesem Zustand der Dumpfheit und Apathie liefern.) Oder kritzeln Sie, der Trägheit nachgebend, einfach Ihr Befinden hin: »Scheinbar wünsche ich mir die Fähigkeit, eine Geschichte zu schreiben, die sich gut verkauft, – über eine Gräfin. Leider habe ich nie eine Gräfin kennen gelernt, und wie es scheint, kann ich mir auch keine so richtig vorstellen. Und außerdem: Wie sollte ich sie überhaupt nennen?« Daraus werden sich Gedanken entwickeln. Sie werden feststellen, dass Sie etwas zu erzählen haben. Und am nächsten Tag wird noch mehr da sein.

Aber bevor ich ans Eingemachte und über das Schreiben an sich zu sprechen komme, möchte ich noch ein paar Dinge über die Imagination sagen, über Ihre innerliche Schaffenskraft, wie Sie diese in sich entdecken können und wie sie funktioniert. Am besten, ich berichte Ihnen von meinen eigenen Erfahrungen.

Für mich hat sich ein langer Spaziergang immer als sehr fruchtbar erwiesen. Wichtig ist, dass man allein spazieren geht – und das jeden Tag. Ich mache das schon seit Jahrzehnten so, und es scheint meine Kräfte immer wieder zu erneuern. Wenn ich mal einen Tag nicht hinausgehe, bekomme ich das, was van Gogh die »Magerkeit« nannte. »Die Magerkeit, oder das, was man Depression nennt«, sagte er. Wenn ich meinen täglichen Spaziergang ein- oder zweimal ausfallen lasse, dann fühle ich mich beim Schreiben irgendwie dumpf und komme nicht so richtig in die Gänge. Ich dachte immer, dass diese Schwere vom Sauerstoffmangel herrührt (und jeder kennt das, der sich nur selten in der frischen Luft bewegt, auch wenn ihm der Zusammenhang nicht klar ist). Aber ich bin eines Besseren belehrt worden. Denn wenn ich eisern, diszipliniert* und nur der sportlichen Betätigung wegen hinausgegangen bin, also nur, um meinen Spaziergang wie eine tägliche Pflichtübung hinter mich zu bringen, stellte ich im Anschluss immer wieder fest, dass sich meine Imaginationskraft keineswegs erneuert hatte. Wenn ich dann am nächsten Tag zu schreiben versuchte, war die »Magerkeit« viel schlimmer, als wenn ich den Spaziergang hatte ausfallen lassen.

Aber wenn ich während des Spaziergangs den Himmel betrachte, den See, die winzigen, unendlich zarten, schutzlosen jungen Pflanzentriebe oder was auch immer, wenn mein Nacken und mein Kiefer entspannt sind und ich mich glücklich fühle, wenn ich zu mir selber sage: »Ich bin frei. Nichts hetzt mich«, dann stelle ich immer fest, dass mir auf leisen Sohlen Gedanken kommen.

Ich erkläre mir das so, dass ich beim unbeschwerten** Schlendern, wenn es mir nicht darum geht, möglichst schnell am Ziel anzukommen, *in der Gegenwart* lebe.

Und nur in einem solchen Zustand kann sich die schöpferische Kraft entfalten.

* Mein Leben lang war ich immer mein eigener strenger Zuchtmeister gewesen und schließlich habe ich einen tausendmal besseren Weg gefunden. Aber niemals würde ich etwas propagieren, was ich nicht selbst erfahren habe. Wenn Sie für sich persönlich herausfinden, dass Sie mit Selbstkontrolle und Selbstdisziplin besser fahren als mit der Imagination, ist das auch in Ordnung. Dann sollten Sie eben auf Ihre Disziplin bauen (und wenn ich hier gelegentlich von »Sie sollten« oder »Sie müssen« schreibe, rührt das noch von meiner früheren Neigung her, mich selbst zu bevormunden. Menschen, die versuchen, sich selbst zu bevormunden, wollen immer (egal, wie freundlich) auch andere Menschen kontrollieren. Sie denken immer, *sie* wüssten alles besser, und sind dermaßen stur und resolut, dass sie neuen und besseren Ideen gegenüber nicht offen sein können.

** Es ist schwer, unbeschwert zu sein, wenn man Ängste hat. Aber wenn man Ängste hat, ist es um so wichtiger, sich wenigstens zeitweise unbeschwert zu fühlen, damit man neue Ideen entwickeln kann, wie man mit seinen Ängsten umgeht.

Natürlich gibt es tagtäglich viele solcher Momente, wie beschäftigt man auch ist. Aber im Leben der meisten Menschen sind diese Augenblicke sehr kurz. Immer sind wir mit irgendetwas beschäftigt, ob wir uns nun unterhalten, Radio hören oder planen, was wir als nächstes tun. Unser Geist kreist permanent um einfache, unwichtige und externe Dinge.

Deshalb haben die meisten Menschen auch solche Angst, allein zu sein. Denn nach einigen Minuten unangenehmer geistiger Leere setzen die kreativen Gedanken ein. Und diese Gedanken sind zunächst deprimierend für uns. Das erste, was sie uns sagen, ist: »Wie sinnlos so ein Leben doch ist, wo außer Gerede, Essen, Lesen, langweiliger Arbeit und Radiohören nichts geschieht.«* Aber das ist nur am Anfang so. Es ist ein Punkt, an den Ihre Imagination Sie führt, damit Sie Einfälle produzieren können, wie sich das Leben *verbessern* ließe.

Also, halten Sie durch! Wenn Sie für eine gewisse Zeit allein bleiben, kilometerweit einfach so dahinschlendern und in der

* Das meiste von dem, was wir reden, ist lediglich Wiedergabe und Erinnerung, und hat mit schöpferischer Imagination nichts gemein, wie ich durch Blake erfahren habe. In einem gewöhnlichen Gespräch erzählt man, was man gestern getan, gedacht oder gesagt hat. Man lebt dabei in der Vergangenheit und nicht in der Gegenwart. Aber wenn eine Unterhaltung wirklich interessant ist, dann lebt man dabei in der Gegenwart. In beiden Gesprächspartnern gehen dann Veränderungen vor. Einer sagt dem anderen Dinge, die er entweder braucht oder sich zu hören wünscht oder die ihm Angst machen. Das heißt, das Gehörte verändert etwas in ihm.

Ich glaube, aus diesem Grund streiten Ehepaare, die sich miteinander sonst nur langweilen. Wenn ihre Gefühle verletzt werden, eine Trennung droht etc., fühlen sie sich berührt, bewegt, eben anders als sonst. Sie befinden sich dann in einem kreativen, *gegenwärtigen* Zustand. Endlich finden sie ihre Unterhaltung interessant. Sie haben das wundervolle Gefühl, dass ihnen endlich zugehört wird – nicht bloß aus Höflichkeit, und ihre Seelen sind einem starken Wechselstrom und chemischen Umwälzungsprozessen ausgesetzt.

Aus demselben Grund stellt auch jegliches Lesen, das allein unser Gedächtnis beansprucht und mit dem wir uns die Zeit vertreiben oder Faktenwissen anhäufen wollen, keine Bereicherung dar. Es ist mir völlig einerlei, ob jemand damit genug Wissen für drei Doktortitel angesammelt hat.

Gegenwart leben, werden Sie belohnt: Gedanken, gute Einfälle, Romanplots, Wünsche, Entscheidungen, Enthüllungen werden sich Ihnen darbieten. Wirklich. Ich kann es bestätigen.

Und dann ist mir noch etwas aufgefallen: Zu der Zeit, als ich noch dachte, ein Spaziergang sei lediglich eine sportliche Angelegenheit, kamen mir die Ideen immer erst ganz zum Schluss. »Nur bei Spaziergängen, die etwas zu lang sind, kommen einem neue Ideen«, schrieb ich einmal in eines meiner Tagebücher. Jetzt erst verstehe ich den Zusammenhang. Damals hatte ich, fast zu Hause wieder angekommen, meine Forciertheit endlich abgelegt, dieses Bestreben, die sportliche Übung, den Spaziergang, endlich hinter mich zu bringen. Mit einem Mal fühlte ich mich erleichtert, träge und frei. Ich lebte plötzlich in der Gegenwart und nicht in dem, was mir bevorstand: eine Zukunft, in der ich vormittags die Zeitung und abends gut essen würde (wie langweilig … und wie töricht dieses In-der-Zukunft-Leben doch ist! Genauso töricht wie ein Leben, das man mit schwerer, eintöniger Arbeit verbringt, um mit achtzig Jahren endlich ein wohlhabender Rentner zu sein). Plötzlich sah ich, wie schön der Winterabend war, wie schwarz die Bäume im phosphoreszierenden Mondlicht, wie unterschiedlich die Farbe der Sterne war, wie sehr der Egoismus der Angst und dem Verlangen nach Selbsterhaltung entspringt und dass es andererseits einen Egoismus gibt, der großartig und göttlich ist. Mit anderen Worten: Ideen und sogar poetische Gefühle überkamen mich.

Und auf welche Weise machen diese schöpferischen Gedanken sich bemerkbar? – Sie kommen ganz allmählich, um dann in unserem Geist wie kleine Bomben der Erkenntnis zu platzen. Ich habe jedenfalls festgestellt, dass ich noch nie einen langen, unbeschwerten und einsamen Spaziergang gemacht habe, ohne dass in mir nicht ein paar dieser stillen, kleinen Bomben, begleitet von einem Gefühl der Freude, geplatzt wären: »Jetzt habe ich's kapiert!« Möglicherweise werden Sie herausfinden, dass die besagten kleinen Bomben meist dann platzen, wenn Sie gerade nähen, tischlern, schnitzen, Golf spielen oder gedankenverloren Geschirr spülen.

Auch das Klavierspiel ist dafür ausgezeichnet geeignete. Aber nicht, um »sich selbst ein Schlaflied« zu spielen, wie ein mir bekannter russischer Pianist das nennt, wenn man immer wieder dieselben Stücke auf dieselbe alte Weise spielt, bloß um die Zeit möglichst angenehm totzuschlagen, wie man das tut, wenn man Süßigkeiten isst. Andererseits ist das Klavierspiel aber auch nicht als Plackerei anzusehen, sondern als eine *Arbeit*, als eine Art zu denken, zu fühlen, zu hören und besser zu verstehen. (Arbeit wird häufig mit Plackerei verwechselt, und ich hoffe, es gelingt mir, den Unterschied deutlich zu machen.)

Üben Sie zum Beispiel eine Mozart-Sonate. Zunächst wäre da die schöne Melodie, die die gewöhnlichsten Dinge – wie das Mobiliar oder den Regen – plötzlich in etwas Bezauberndes und Ergreifendes verwandelt, als wäre ein Licht auf sie gefallen. Dann gibt es die Bewegungen der Hände und Schultern, die körperliches Wohlbefinden auslösen. Da ist der Rhythmus, gleich einem inneren Tanz. Und die ganze Zeit über sind wir allein. Es ist eine Stunde des Rückzuges aus dem Alltagsleben, welches so oft einer nervösen Kakophonie gleicht und in dem unsere Aufmerksamkeit quälend von einer Sache auf die nächste gelenkt wird, sodass sich die Imagination in uns nicht mit neuer Kraft aufladen kann.

Und nun möchte ich versuchen, Ihnen den Unterschied zwischen den Begriffen »Plackerei« und »Arbeit« zu veranschaulichen. Die beiden Begriffe werden nämlich oft durcheinander gebracht. Das ist auch der Grund, warum das Wort »Arbeit« wie ein Depressivum auf glückliche, übersprudelnde Menschen wirkt, die eigentlich zehnmal mehr Power haben als Leute, die sich mit den Dingen abmühen. Wenn sie wüssten, wie sie ihre Energie richtig einsetzen könnten, würden sie bestimmt *gern* arbeiten:

Manchmal lerne ich beim Spazierengehen ein Gedicht auswendig, zum Beispiel ein Sonett von Shakespeare, und dabei habe ich Folgendes festgestellt: Wenn man einen Vers immer wieder rezitiert, wie das Kinder beim Auswendiglernen tun, halb mechanisch, werden nach einer gewissen Zeit die Nerven im Gehirn und die Muskeln im Kiefer daraus einen automatischen Vorgang machen. Aber diese ganze Büffelei kostet enorm viel Zeit.

Ich gehe also folgendermaßen vor, um das Gedicht leichter und auch schöpferischer zu lernen, das heißt so, dass ich die Lyrik verstehe und ein Gespür für sie entwickle, nämlich für das, was der Dichter zum Ausdruck bringen will (nur so wird das Gedicht ein Teil meiner selbst und einen gewissen Einfluss auf mein Leben haben): Ich spreche den Vers ganz, ganz langsam. Vor meinem geistigen Auge sehe ich dann jedes Wort vor mir, wie es gedruckt aussieht und was es in Wirklichkeit darstellt. Wenn das Wort »Winde« heißt, sehe ich Winde. Und in meiner Vorstellung entdecke und bewundere ich Shakespeares ökonomischen Umgang mit der Grammatik.

Während dieser Zeit der Kontemplation, der Imagination, während dieses Bruchteils einer Sekunde, da mein Geist sich öffnet, um etwas für immer in sich hineinzulassen, bemerke ich, wie sich mein Schritt verlangsamt. Je versunkener ich bin, mit je mehr Kreativität ich also bei der Sache bin und je mehr sich damit mein Verständnis erweitert, desto langsamer gehe ich. Und oft bleibe ich in diesem kurzen Augenblick, in dieser schöpferischen Sekunde des Begreifens und Einverleibens, ganz stehen.

Ich erzähle Ihnen das, damit Sie nicht länger glauben, die schöpferische Kraft sei etwas Nervöses, Anstrengendes. Ganz im Gegenteil; sie kann von Nervosität und Anstrengung sogar verscheucht werden. Machen Sie sich bitte nie die Mühe, zu büffeln oder sich mit etwas abzumühen. Versuchen Sie stattdessen einfach, es zu *verstehen*. Wenn Ihnen das nicht gelingt, gehen Sie zum nächsten oder übernächsten Aspekt über. Wenn Sie die zweite oder dritte Sache verstanden haben, verstehen Sie plötzlich auch die vorhergehende. Und wenn Sie etwas verstanden haben, lernen Sie es bitte nicht mühsam auswendig, um es in Ihr Hirn zu bringen, wie Kinder Tonleitern auf dem Klavier üben oder Studenten für ein Examen büffeln. In dem Moment, in dem Sie den Sachverhalt verstehen, können Sie sicher sein, dass er von nun an für immer ein Teil Ihrer selbst sein wird. Beim Büffeln und Wiederholen vergeuden Sie nur Zeit (aus Angst, Sie könnten sonst alles wieder vergessen), die Sie für neue und größere Dinge nutzen sollten.

Es gibt wunderbar begabte Menschen, die ein kurzes Stück schreiben und es dann wieder und wieder überarbeiten, um es zu etwas Perfektem zu machen, zu etwas Vollendetem, Makellosem, zu einem Juwel, einer Perle. Aber diese Leute schaffen vielleicht pro Jahr ein solches Kunststück – oder alle fünf Jahre eins. Und das liegt an der Plackerei, am Schleifen (womit ich nicht das notwendige Schleifen, das einen näher und näher an das Wahrhaftige heranbringt, meine) und an der Angst, das kleine literarische Schmuckstück könnte nicht perfekt und über jede Kritik erhaben sein. Aber das ist Zeitverschwendung und ein Jammer, denn in diesen Menschen ist eine wahre Fontäne voller übersprudelnden Lebens, voller Poesie, Literatur und Imagination. Sie kann nur nicht heraus aus ihnen, weil sie so sehr mit dem Schleifen dieses einen Juwels beschäftigt sind. Und das ist genau der Punkt: Wenn sie einfach nur frei, großzügig und mit unbekümmerter Aufrichtigkeit *neue* Sachen schreiben würden, wüssten sie auch innerhalb von zwei Sekunden die literarischen Perlen makellos zu bearbeiten, ohne großen Aufwand.

Ich erzähle Ihnen das alles, damit Sie verstehen, dass unsere »Arbeit« nichts mit »Plackerei« zu tun hat, sondern eine wunderbare Beschäftigung ist. Schöpferische Kraft steckt in jedem Menschen. Sie müssen dieser Kraft nur etwas Zeit lassen, an sie glauben und beobachten, wie sie sich allmählich in Ihnen einnistet; Sie dürfen sie nicht aussperren, indem Sie ständig auf Draht sind und sich ein schlechtes Gewissen machen, statt einmal richtig faul zu sein und sich wohl zu fühlen. Sie können die schöpferische Kraft aber auch aussperren, indem Sie sich selbst die schlimmste aller Lügen erzählen: dass Sie nicht kreativ seien.

KAPITEL 6

»Wisse, dass in uns oft ein schlafender Poet von ewiger Jugend und Lebendigkeit steckt«

Alfred de Musset

Früher musste ich mich immer zur Arbeit zwingen. Sie können sich nicht vorstellen, was für eine unangenehme, anstrengende Angelegenheit es für mich war, eine so genannte Schriftstellerin zu sein. Damit ich mich überhaupt an den Schreibtisch setzte, musste mir schon ein Bataillon Speerwerfer im Nacken sitzen und in der Regel brauchte ich dann auch dringend Geld. Nach drei Stunden Arbeit war ich ziemlich fertig (außer wenn ich gerade im Begriff war, eine Geschichte oder einen Artikel zu beenden. Dann konnte ich einen ganzen Tag lang durcharbeiten, weil es dann hauptsächlich um die Reinschrift ging. Aber eine oder zwei Stunden mit der ersten Rohfassung, dem ersten Konzept zuzubringen, brachte mich fast um.

Welche Fluchtversuche ich da unternommen habe! Was für eine unendliche Langeweile! Gläserweise Wasser, Telefonate und andere Dinge – Hauptsache, weg vom Schreibtisch). Nachmittags oder am Abend konnte ich schon mal gar nicht arbeiten, weil ich überzeugt war, dann nichts Gescheites herauszubringen. – Alles Angst und Einbildung.

Es waren die Schüler meines Schreibseminars, die mir gezeigt haben, dass ich meine Arbeit falsch anging. Denn wenn es mir erst einmal gelungen war, ihnen die Beklemmungen zu nehmen, dann legten diese bescheidenen und unerfahrenen Amateure ein erstaunliches Talent an den Tag.

Von meinen Schülern habe ich gelernt, dass die Inspiration einen nicht wie ein Schlagbolzen trifft und dass es sich dabei nicht um ein aufgescheuchtes, umherirrendes Streben handelt, sondern dass Inspiration uns allmählich, still und zu jeder Zeit erfasst, wobei wir ihr allerdings tagtäglich Gelegenheit geben müssen, ins Rollen zu kommen, indem wir sie mit etwas Einsamkeit und Muße füttern. Ich habe gelernt, dass man sich beim Schreiben nicht wie Lord Byron auf dem Berggipfel fühlen sollte, sondern eher wie ein Kind, das im Kindergarten Perlen auf eine Schnur zieht – glücklich, versunken und ruhig, eine Perle nach der anderen.

Einmal habe ich einer Gruppe zwölfjähriger Mädchen, die mit Ölfarben malen wollten, Modell gestanden. Ich versprach ihnen, dass ich mich drei ganze Tage lang vor sie hinsetzen würde, bis ihre Porträts von mir fertig wären und jede ihr Bestes gegeben hätte. Keines dieser Mädchen hatte jemals zuvor mit Ölfarben gemalt. Ich saß auf einem Stuhl im Wohnzimmer, mit dem Rücken zur Wand. Durch die östlichen Fenster fiel Licht auf mich, während mir vier kleine Mädchen und drei Erwachsene gegenüberstanden, die an ihren Leinwänden vorbei zu mir lugten. Ich hatte nichts weiter zu tun, als sie stundenlang anzuschauen.

Nun, die Anwesenheit einer siebenköpfigen Gruppe von Erwachsenen ist schon mit ziemlich viel Lärm und lauter Unterhaltung im Raum verbunden. Aber wenn darunter vier Kinder sind, schlägt das Ganze in höllisches Spektakel um. Und wie wir alle wissen, haben Kinder weder in der Schule noch in der Kirche, noch beim längeren Vorlesen die Geduld, sich lange und still auf eine Sache zu konzentrieren. Besonders dann nicht, wenn große geistige Anstrengung verlangt ist. Und jeder weiß auch, wie schwierig es ist, etwas zu zeichnen, wenn man es nicht gewohnt ist: Es ist jene merkwürdige Schwierigkeit, etwas Dreidimensionales auf glattes Papier zu bringen. Eine Nase von vorn zu zeichnen, ist ein fürchterliches Problem! Und wenn man dann noch zum ersten Mal mit Ölfarben malt … Nun, ich kann die Situation allenfalls so umschreiben, als wollte man mit Sandförmchen und Boxhandschuhen ein Werk von filigraner Genauigkeit schaffen.

Genau das haben diese Kinder jedenfalls versucht. Und dennoch: Während sie mich malten, herrschte Totenstille im Raum. Man konnte sie atmen hören. Es gab nur ihre brennenden Blicke, die an mir hinauf- und hinabglitten. Etwa alle zwanzig Minuten war ein Seufzer oder ein verzweifelter Ausruf zu hören: »Oh, Brenda! Auf meinem Bild siehst du aus wie eine alte Hexe!«

Nach Stunden erinnerten sie sich, dass ich auch nur ein Mensch bin, und sie gewährten mir ein paar Minuten Pause. Freilich äußerst ungern, denn sie konnten sich nur schwer von ihrer Arbeit losreißen. Aber kaum waren die kurzen Pausen angebrochen, wurde die andächtige, selige Stille, die Versunkenheit und Konzentration, übertönt vom Tosen, Schreien, Durcheinanderreden, vom Gerangel und Geschubse, wie man das von einem Zimmer voller Kinder gewohnt ist. Selbst die Hunde, die die ganze Zeit friedlich vor sich hin gedöst hatten, begannen zu bellen, raus und rein zu laufen, und miteinander zu balgen.

Was ich damit sagen will: Diese Kinder haben fünf oder sechs Stunden am Stück gearbeitet (und genau das werden auch Sie tun, wenn Sie sich mit dem Schreiben befassen), und das zweieinhalb Tage hintereinander – mit der Wonne und glühenden

Energie eines Michelangelo oder Blake. Die Gemälde der Kinder waren alle bemerkenswert. Die Farben waren sehr schön. Ein Porträtist, der sich die Bilder ansah, geriet völlig aus dem Häuschen und bei einem Bild seufzte er neiderfüllt über die Farbenpracht, die Komposition und die Genialität, mit der ein Mädchen den Fußboden statt in seiner wirklichen Farbe in einem blassen Türkis gemalt hatte. Die Porträts waren alle völlig unterschiedlich, aber jedes war ein Bild von mir und meiner Persönlichkeit (mehr als ein Foto je hätte zeigen können). Und jedes war auch ein Porträt des Mädchens, das es gemalt hatte, und ein Bild seiner Persönlichkeit. Das passiert immer beim Malen oder Schreiben: Es zeigt sich darin, wer man selbst ist.

Jedes Bild war auf seine eigene Weise überraschend, da sich der schöpferische Impuls unbeschwert hatte entfalten können. Nicht egoistisch oder um jemandem zu gefallen, etwa einem Lehrer, bei dessen Anwesenheit sicher zweifelnde und bedenkliche Fragen aufgekommen wären: Ist das jetzt Kunst? Stimmt die Ausgewogenheit? Was ist mit der Formgebung? Nein, hier konnte die schöpferische Kraft ungehindert zu Werke gehen. Jedes Kind hatte einfach nur versucht, das mit Farben auszudrücken, was es gesehen und empfunden hatte.

Ich erzähle Ihnen das alles, weil Sie sich genauso fühlen sollten, wenn Sie schreiben – glücklich, aufrichtig und frei, erfüllt von der wundersamen, zufriedenen Versunkenheit eines Kindes, das Perlen auf eine Schnur Perlen zieht, erfüllt von absolutem Selbstvertrauen. Sie müssen nichts weiter tun, als einfach das, was in Ihnen ist, ehrlich herauszulassen – und es wird interessant sein. Es wird gut sein. Ob es sich verkaufen wird, weiß ich nicht. Aber darum sollten Ihre Gedanken gar nicht kreisen, zumindest jetzt noch nicht.

Und wieder erzähle ich Ihnen dies, weil ich Ihnen klarmachen möchte, dass der schöpferische Impuls etwas Stilles ist. Er sieht still, fühlt still und hört still, und das alles jetzt, in der Gegenwart. Können Sie nachvollziehen, wie sehr diese Kinder in der Gegenwart gelebt haben? In den Momenten, in denen man ganz in der Gegenwart lebt, passiert es, dass man mit all seinen Sinnen lebt, mit seiner ganzen Vorstellungskraft.

Bei zwei oder drei außergewöhnlichen und sehr kreativen Menschen aus meinem Bekanntenkreis ist mir aufgefallen, dass sie immer dann, wenn sie am anziehendsten, fesselndsten und prophetischsten sind, mitten in der Gegenwart zu leben scheinen. Francesca gehört zu diesen Menschen, ebenso eine kleine Mystikerin aus Schweden, die Visionen hat wie einst Blake, und schließlich Carl Sandburg, der Dichter.

Ab und zu sollten Sie sich fragen: »Was geschieht gerade mit mir? Was wirkt *jetzt* auf mein Inneres ein, in diesem Augenblick?« Dann fangen Sie plötzlich an, die Welt auf eine völlig neue Weise zu betrachten. Wenn Sie Menschen sprechen hören, dann hören Sie nicht nur das, was sie sagen, sondern auch das, was sie zu sagen versuchen, und Sie bekommen ein Gespür für ihre gesamte Wirklichkeit. Sie spüren das Dasein als durchscheinendes Ganzes und nicht zerlegt in ein Objekt und noch eins und noch eins.

Francesca beispielsweise scheint immer ganz in der Gegenwart zu leben, im Jetzt. Man bekommt sie nie dazu, über den neuesten Klatsch zu schwatzen, lange Geschichten zu wiederholen oder sich welche anzuhören. Nicht, weil sie Klatsch missbilligt – weit gefehlt. Ich glaube, schlichtes Erzählen zählt für sie nicht zu den lohnenden Dingen, weil es sich dabei lediglich um etwas Erinnertes, etwas aus der Vergangenheit Hervorgekramtes handelt, in das nichts Neues eindringen kann. Es hat eben nichts mit Inspiration, mit dem Jetzt zu tun. Natürlich erzählt sie auch Dinge, an die sie sich erinnert, aber diese werfen immer ein Licht auf ihren gegenwärtigen, schöpferischen Moment.

Sie spricht nie viel, sondern sitzt da und betrachtet einen mit liebevollen Augen. Dabei wiegt sie sich sachte hin und her, wie zu einer Musik, hört einem zu und versteht alles ganz genau. Und von irgendeinem Ort oder von jenseits aller Orte scheint allmählich eine Weisheit in sie zu dringen, als höre und verstehe sie in diesem Augenblick die Stimme der Jeanne d'Arc. Unvermittelt sagt sie dann etwas – ohne Überleitung –, das mir sogleich bemerkenswert, ehrlich und wichtig erscheint, und das mich mit etwas wundervoll Tröstlichem und Erhellendem erfüllt. Sie stürzt sich immer unvermittelt mitten hinein in das Wahrhaftige, ohne mit entschuldigenden Worten, mit Beweisen oder beschwichtigenden Phrasen dorthin zu gelangen. Und ich möchte, dass Sie es beim Schreiben genauso tun. Und wie Francesca, die es immer ehrlich meint, machen Sie sich bitte niemals Gedanken darum, ob man Ihnen glaubt oder nicht.

Ich habe noch nie erlebt, dass Francesca etwas lediglich aus der Erinnerung heraus gesagt hätte, dass sie einfach bloß wiedergegeben hätte, was sie gehört oder gestern gedacht hatte. Sie tut das keineswegs mit Absicht. Sie plant oder zwingt sich nicht, ein Mensch zu sein, der niemals etwas wiederholt. (Und Gott bewahre, denken Sie bloß nicht, Sie sollten dergleichen tun!) Sie gehört eben zu den glücklichen, schöpferischen Menschen, die niemals ihre Zeit damit vergeuden würden, mit Hilfe ihres Gedächtnisses Faktenwissen und Beweismaterial in sich anzuhäufen. Sie akzeptiert einfach nur das, was ihre Vorstellungskraft ihr zeigt, und sagt dann diese frische Wahrheit, ohne alles vorsichtig abzuwägen und auf seine Stichhaltigkeit abzuklopfen. Ich bin sicher, dass sie innerlich diese Wahrheiten überprüft, aber sie hat nicht das (eigennützige) Bestreben, in den Augen anderer als klug gelten zu wollen.

Wenn sie redet, spricht sie immer nur schöpferisch. Nie sagt sie etwas mechanisch dahin, nie äußert sie sich zu etwas, das von ihr nicht gefühlt, und zwar genau im selben Moment, gefühlt wird.

Bei dem Dichter Carl Sandburg habe ich dasselbe beobachtet. Er spricht träumerisch, mit einer schönen Stimme, während die Inspiration, gleichzeitig und gegenwärtig, aus ihm strömt, wie Bilder, die ihm im selben Augenblick in den Sinn kommen, frei und wie Musik. Als wir einmal um den See nahe unseres Hauses herumfuhren, hielten wir an und betrachteten den Sonnenuntergang am Dezemberhimmel. Er verglich das Stahlgrau des Himmels mit dem metallenen Schimmern eines Gewehrlaufs und schaute lange Zeit hinauf. Ich spürte Ehrfurcht: »Das ist tatsächlich das, was ein Dichter fühlt, wenn er berührt ist.« Denn ich konnte spüren, was in ihm vorging, während er den Himmel betrachtete – irgendetwas Glühendes, Agiles. Ich lebte schon zehn Minuten später in der Zukunft, fühlte mich ein wenig befangen, bemüht zu gefallen und voller kleinlicher Bedenken, obwohl ich laut ausrief: »Ist es nicht einfach wundervoll!« Carl Sandburg aber lebte in der Gegenwart, er hatte gerade eine poetische Erfahrung; bloß ich war zu sehr mit anderen Gehirntätigkeiten beschäftigt, ich wollte eine höfliche Gastgeberin und pünktlich zum Abendessen zu Hause sein.

Sie und ich leben wie jeder andere des Öfteren in der Gegenwart, zum Beispiel beim Anblick eines schönen Sonnenuntergangs. Und wir alle kennen es, in solchen Momenten bestimmte

Dinge zu fühlen, – genau wie Sandburg, wie Dante oder Shakespeare. Charles-Augustin Saint-Beuve sagte einmal:

> In den meisten Menschen steckt ein Poet, der jung starb und vom Menschen überlebt wurde.

Und Alfred de Musset sagte:

> Wisse, dass in uns oft ein schlafender Poet von ewiger Jugend und Lebendigkeit steckt.

Und Sie alle wissen, dass das stimmt. Jeder Mensch ist ein Poet, und deshalb schlage ich Ihnen vor, zeitweise in der Gegenwart zu leben, wie das alle großen Dichter und Künstler tun. Ganz nebenbei bemerkt, es hat nichts mit Poesie zu tun, wenn Sie beim Anblick des Abendhimmels, nur um etwas zu sagen, mechanisch die Floskel zum Besten geben: »Was für ein schöner Abend!« Aber wenn Sie es von ganzem Herzen so meinen und dasselbe sagen, dann *ist* es Poesie.

Ich bin mir nun, während ich an diesem Buch schreibe, nicht sicher, ob ich die vorangehenden Passagen einfach so stehenlassen soll: Denn Sie könnten sie zum Anlass nehmen, darüber nachzugrübeln und alles zu vergeistigen, für sich bestimmte Regeln aufzustellen – was Sie niemals tun sollten! – und sich ständig zu fragen: »Vorsicht! Mache ich das jetzt richtig? Beziehe ich mich gerade auf meine Erinnerung oder ist das meine Imagination?« Gott bewahre, dass das passieren möge. Wenn ich mit dem Buch fertig bin, werde ich diese Passagen wahrscheinlich streichen, damit diese Gefahr gebannt ist.

Natürlich bedienen wir uns permanent unserer Erinnerung, und je klarer und üppiger diese ist, um so besser. Wenn Sie eine Erzählung schreiben, benutzen Sie *selbstverständlich* Ihr Gedächtnis und beschreiben detailliert, wie Sie zum Beispiel entkommen sind und was dann passierte. Aber vergessen Sie nicht, sich immer wieder mit neuem Denken, das heißt mit Inspiration aufzuladen – genauso wie Kinder dies tun. Ich beschreibe dieses »In-der-Gegenwart-Leben«, weil Sie vielleicht Lust haben, es einmal auszuprobieren: Seien Sie frei und allem und jedem gegenüber offen, machen Sie sich und anderen nichts vor und lassen Sie in Ihrem Herzen keine nagenden Zweifel zu.

Ich bin strikt gegen jede Art von Furcht und Sorge. Schauen Sie, es gibt viele Menschen, die es als ihre Pflicht ansehen, sich zu sorgen. Die Kehrseite der Medaille ist, glaube ich, die mehr oder weniger bewusste Überzeugung, das Schicksal bzw. Gott sei böse, beleidigt oder mürrisch und dass uns durch ihn mit Sicherheit ein Leben voller Sorgen blüht, wenn wir uns nicht vorher wirklich Sorgen machen. Aber diese Menschen sollten daran denken, was Christus gesagt hat:

> Sorget euch also nicht und saget nicht: Was werden wir essen? oder: Was werden wir trinken? oder: Was werden wir anziehen? Denn nach all dem trachten die Heiden. Euer himmlischer Vater weiß ja, dass ihr das alles braucht. Suchet vielmehr zuerst das Reich und seine Gerechtigkeit, und all das wird euch dreingegeben werden.*

Und das heißt doch: »Versucht ein schöpferisches, großes, suchendes, gegenwärtiges Leben zu leben, und Schönheit, Glück, Güte, Talent, Nahrung und Kleidung werden sich finden.« Natürlich hat Christus recht.

Schauen Sie sich an, wie die Mexikaner und die Indianer im Südwesten der Vereinigten Staaten in der Gegenwart leben – sie tun die Dinge, die sie tun müssen, glücklich und in Ruhe und verschwenden keinen ängstlichen Gedanken an das Morgen. Über die Mexikaner sagt man, sie könnten stundenlang auf

* Matthäus 6,31–33

ihrem Hintern sitzen, rauchen und glücklich vor sich hinschauen. Und schauen Sie mal, was für bemerkenswerte Künstler die Mexikaner sind. Selbst der ärmste Mexikaner kann keine Arbeit anfassen, ohne dass etwas Bezauberndes dabei herauskommt – sei es ein Kübel aus einfachem Blech oder Sandalen aus Autoreifen. Ich denke, das hat damit zu tun, dass sie in der Gegenwart leben. Dort gibt es mehr Beschaulichkeit. Ich will damit sagen, dass sie sich die Zeit nehmen, die Schönheit zu lieben.

Aber wir in Nordamerika lassen uns zu sehr von der Idee beherrschen, dass wir erst in zwanzig Jahren und nicht jetzt »leben« werden, weil wir glauben, dass uns dann erst dank unserer Plackerei und der Ersparnisse und Zinsen richtig zu leben möglich sein wird – jetzt zu leben statt zu malochen wäre Faulenzerei. Und deswegen sehen wir im Müßiggang mittlerweile etwas, das uns zu einem »faulen Schwein« macht, und nicht etwas Schöpferisches und Strahlendes.

Vielleicht kann ich das »In-der-Gegenwart-Leben« folgendermaßen beschreiben: In der Musik, wenn man Klavier spielt, arbeitet man manchmal *an* einem Stück und manchmal *darin*. (Ich kenne einen guten Konzertpianisten, der einmal betrübt über eine sehr fleißige, aber hoffnungslose Schülerin sagte: »Sie übt immer und spielt nie.«) Wenn Sie *daran* arbeiten, werden Sie sich an den Symbolen orientieren, wann ein Crescendo kommt und wann es sich wieder abschwächt. »Jetzt muss ich lauter werden«, lesen Sie auf dem Notenblatt. Und dann werden Sie lauter und lauter. »Aufgepasst! Hier kommt ein Pianissimo!« Also tun Sie auch dies pflichtbewusst.

Aber das ist alles vernunftbestimmt und kommt von außen. Nur wenn Sie *in* einem Stück spielen, werden die Leute Ihnen zuhören, sie werden wirklich etwas hören und berührt sein.

Denn dann sind *Sie* berührt, weil Sie eine ungewöhnliche und hinreißende Erfahrung machen und weil dann die Musik – sei es ein Stück von Mozart, Bach oder von wem auch immer – plötzlich *Sie selbst* sind; sie ist Ihre Stimme und Ihr Ausdrucksreichtum. Die leidenschaftlichen und wundervollen Fragen, die der Musik innewohnen, sind plötzlich Ihre Fragen. Und mit der ganzen Erhabenheit, Heftigkeit und bezaubernden Süße eines Beethoven sprechen Sie nun Ihre Zuhörer an. Noch ein Beispiel:

Sehen Sie sich die Leute an, die eine geniale Begabung für das Lustige haben. Wenn sie jemanden imitieren, kann man sehen, dass sie sich in einer Art Trance befinden. Sie *sind* die Person, die sie imitieren. Wenn sie jedoch verkrampft wären (so wie ich) und sich nicht in dieser Trance, in dieser Identifikation, auflösen könnten, wenn sie sich also selbst sagen müssten: »Jetzt tue ich dieses, dann jenes, und jetzt werde ich schielen und dann werden die Leute lachen«, dann wirkt es einfach nicht lustig. Und wer sich das ansieht, ist gequält, fühlt sich peinlich berührt und weiß nicht, wo er hinsehen soll.

Verkrampftheit entspringt der Angst, dass es einem nicht gelingen könnte, andere Menschen zu *beeindrucken*. Der Möchtegernkasper kann gar nicht witzig sein, weil er befürchtet, sein Publikum könnte ihn nicht witzig finden. Ein wirklich lustiger Mensch macht sich über das Publikum überhaupt keine Gedanken. Er zumindest hat seinen Spaß gehabt, und wenn die Leute nicht lachen, ist ihm das ziemlich egal. Wenn das Publikum allerdings lacht, enthemmt ihn das noch mehr. Es inspiriert ihn zu weiteren, noch absurderen und spontanen Possen. – Nun, Freiheit und Unbekümmertheit sollten Sie auch während des Schreibens begleiten. Dann kommt bestimmt etwas Gutes dabei heraus.

Nun wird der eine Leser oder die andere Leserin dies vielleicht so interpretieren, dass man zu denken aufhören sollte. Das meine ich natürlich nicht! Denn wenn Sie schreiben, werden Sie wahrscheinlich tiefer nachdenken als je zuvor in Ihrem Leben – und auch klarer. Aber was von Ihnen abfallen wird, das sind Verkrampfung, Angst und Vergeistigung (mit anderen Worten diese ganze Art und Weise, stur und finsteren Blickes zu versuchen, die Dinge gemäß den vorgeschriebenen Regeln, welche *andere* aufgestellt haben, zu tun und gleichzeitig noch an tausend andere Sachen zu denken, die man nicht tun soll).

Dean Inge sagt, dass der große Mystiker und Philosoph Plotin dieses »In-der-Gegenwart-Leben« folgendermaßen beschrieben habe:

> In unseren besten und wirksamsten Momenten, wenn wir wirklich in unsere Arbeit »hineingehen«, lassen wir sie hinter uns. (...) Dies ist die Erfahrung, den reinen Geist dem Einen zuzuwenden. Wenn wir diese Stufe erreichen, zweifeln wir oft an der Wirklichkeit dieser Erfahrung, weil »die Sinne einwerfen, nichts gesehen zu haben«. Demzufolge wohnt den höchsten Erfahrungen der Seele eine gewisse Unbewusstheit inne, obgleich wir sie nicht in Zweifel ziehen können, nicht im Geringsten.

Mit anderen Worten, wenn man wirklich in der Gegenwart lebt – arbeitend, denkend, gelöst und versunken in einer Sache, die einem am Herzen liegt –, dann lebt man spirituell. Und damit habe ich schon wieder einen Pluspunkt: Es wird Ihnen gut tun, sich mit dem Schreiben zu beschäftigen.

Und nun noch eine kurze Anmerkung zu dem Irrglauben, man müsse entweder faul oder dumm sein, wenn man nicht ständig mit etwas beschäftigt ist: Sie setzen sich hin, um zu schreiben, um zu denken (es gibt da in Ihnen die vage Vermutung, »denken« sei etwas, was vielleicht ein Professor tut). Während der ersten ein, zwei Minuten Ihres Versuchs kommt Ihnen kein einziger logischer Gedanke. Es folgt eine Art Lähmung, die Überzeugung, dass sich Ihr Geist nicht über gewisse Grenzen hinaus bewegt, und Sie gehen ziemlich frustriert in die Küche, um eine leichte Arbeit zu verrichten: Sie spülen das Geschirr. Dabei kommen Ihnen (auch wenn Ihnen das nicht bewusst ist) ein paar wundervolle, faszinierende, außergewöhnliche, originelle und erhellende Gedanken. Und bloß weil Sie sich nicht im Klaren darüber sind, dass es sich hierbei tatsächlich um Gedanken oder »das Denken« handelt, nehmen Sie Ihre Eingebungen nicht ernst und bringen sie auch nicht zu Papier. *Aber von nun an müssen oder sollten Sie das unbedingt tun!* Soll heißen, Sie müssen stets *handeln* und ausdrücken, was in Ihnen abläuft.

Das ist die eigentliche Tragödie so genannter Taugenichtse, denn sie haben vielleicht mehr und genialere Gedanken als wir, die wir uns ständig abhetzen; aber sie bringen ihre Einfälle nie zu Papier oder auf die Leinwand oder etwa durch Musik zum Ausdruck. Schuld daran sind jene Dinge, die ich bereits aufgezählt habe: Selbstzweifel, Angst zu versagen usw. Andererseits ist das Tragische an den unerschrockenen, zielstrebigen und geschäftigen Menschen, dass sie, ohne sich große Gedanken zu machen, derart dynamisch und aktiv sind, dass ihre Geschäftigkeit trocken und leer wird. Energische und aktive Menschen sagen vielleicht, dass ihre Aktivitäten bei ihnen zu besserem Denken führen. Aber wenn sie sich mehr Zeit für Müßiggang und Besinnlichkeit nehmen würden, würde sie ihre Fantasie möglicherweise zu Handlungen motivieren, die ganz anders und viel großartiger sind als das, was sie die ganze Zeit treiben.

Aber wir unterliegen dem Zwang zu handeln. Ein »Taugenichts« hingegen handelt oft nicht – aber nicht etwa, weil er zu faul ist, sondern weil er sich fürchtet. Er weiß nicht, dass dem Denken das freudige, versunkene Handeln folgen sollte (wie bei dem Kind, das Perlen aufzieht). Er glaubt, zu handeln sei anstrengend, hoffnungslos schwer und mit an Sicherheit grenzender Wahrscheinlichkeit zum Scheitern verurteilt. Und dass er das glaubt, das liegt an all den Stoikern und Verfechtern von Pflicht und Disziplin, die es auf dieser Welt gibt. Ich finde keineswegs, dass wir nichts Anstrengendes und Mühsames tun sollten. Kolumbus hat größte Anstrengungen und Unbequemlichkeiten auf sich genommen, als er Amerika entdeckte; aber es waren seine Liebe und seine Imagination, die ihn dazu trieben. Aus Pflichtbewusstsein hätte er das niemals getan. Pflichtbewusstsein hätte ihn allenfalls dazu veranlasst, zu Hause zu bleiben und seine Kinder nach seinen Vorstellungen zu erziehen. Nein, niemals hätte er etwas derart Tollkühnes, Freies und Ruhmreiches aus Pflichtbewusstsein getan!

Hören Sie, was der arme, großartige, leidenschaftliche van Gogh in einem Brief an seinen Bruder geschrieben hat:

> Ich schreibe dir ein wenig aufs Geratewohl, was mir in die Feder kommt, ich wäre sehr befriedigt, wenn du in gewisser Hinsicht etwas anderes in mir sehen könntest als eine Art Tagedieb. Außerdem gibt es Faulenzer und Faulenzer, welche sich voneinander unterscheiden.
>
> Dieser ist ein Tagedieb aus Faulheit und Feigheit des Charakters, infolge der Verworfenheit seiner Natur; wenn du es richtig findest, kannst du mich für einen solchen halten.
>
> Sodann gibt es den anderen Müßiggänger, den Nichtstuer wider Willen, der innerlich von seinem großen Verlangen zur Tat verzehrt wird, der nichts tut, weil er nicht in der Lage ist, etwas zu tun, weil er nicht die Mittel hat, um produktiv zu sein,

weil das Missgeschick der Verhältnisse ihn bis zu diesem Punkt herunterdrückt; solch einer weiß nicht einmal selbst immer, was er tun könnte, aber er fühlt dennoch instinktiv: »Ich tauge zu etwas, ich habe eine Existenzberechtigung, ich weiß, dass ich ein ganz anderer Mensch sein könnte! Womit könnte ich nützlich sein, wozu könnte ich dienen? Es ist etwas in mir, was ist es doch?« Dies ist ein ganz anderer Nichtstuer, und, wenn du es richtig findest, dann magst du mich für einen solchen halten!
Ein Vogel im Käfig weiß sehr gut im Frühling, dass es etwas gibt, wozu er tauglich wäre, er fühlt sehr wohl, dass es etwas zu tun gibt, aber er kann es nicht ausführen.
Was ist es doch gleich? Er erinnert sich nicht mehr gut; er hat nur eine dunkle Ahnung, sagt sich: »Die anderen bauen ihre Nester, haben ihre Jungen und ziehen ihre Brut auf.« Dann zerschlägt er sich den Schädel am Gitter des Käfigs, aber der Käfig bleibt, und der Vogel ist wahnsinnig vor Schmerz.
»Seht den Tagedieb«, sagt ein anderer Vogel, welcher vorbeifliegt, »das ist ja eine Art Rentner!« Dennoch lebt der Gefangene und stirbt nicht, nichts zeigt sich äußerlich von dem, was in seinem Inneren geschieht, er befindet sich wohl und ist bei Sonnenschein mehr oder weniger munter. Aber die Zeit des Wanderns kommt, er hat Anfälle von Melancholie. – »Aber er hat doch alles, was er nötig hat«, sagen die Kinder, welche ihn in einem reinen Käfig pflegen. Er sieht jedoch da draußen den bewegten Himmel sturmgeladen und fühlt den Aufruhr gegen das Schicksal in seinem Innern. »Ich bin im Käfig, ich bin im Käfig, es fehlt mir aber nichts, ihr Dummköpfe! Ich habe aber alles, was ich nötig habe? Oh die Freiheit, ein Vogel sein zu können wie die anderen Vögel!«
Solch ein Müßiggänger gleicht diesem müßigen Vogel.
Und die Menschen sind oft nicht in der Lage, etwas zu tun, sind gefangen in irgendeinem Käfig, was der Schrecken aller Schrecken ist. Es kommt auch eine Befreiung, ich weiß es, eine verspätete Befreiung. Ein, zu Recht oder Unrecht, verdorbe-

ner Ruf, Bedrängnis, missliche Verhältnisse und Unglück, das macht einen zum Gefangenen.
Man könnte nicht immer sagen, was es ist, das einen einschließt, mit einer Mauer umgibt und einen zu begraben scheint, aber man fühlt doch irgendeinen Riegel, ein Gitter, Mauern.
Ist das alles Einbildung, Fantasie? Ich denke nicht, und dann fragt man sich: Mein Gott, ist das für lange, ist es für immer, für alle Ewigkeit? Weißt du, was das Gefängnis verschwinden lässt? Jede ernste, tiefe Neigung. Freunde sein, Bruder sein, lieben, das öffnet das Gefängnis mit souveräner Macht, mit übermächtigem Zauber. Wer aber das nicht hat, verharrt im Tode. Dort aber, wo die Sympathie ersteht, ersteht das Leben. Manchmal heißt das Gefängnis auch Vorurteil, Missverständnis, verhängnisvolle Unwissenheit, Misstrauen, falsche Scham.
Um aber von etwas anderem zu reden –: wenn ich gesunken bin, so bist du auf der anderen Seite emporgestiegen. Und wenn ich Sympathien verloren habe, so hast du sie gewonnen. Damit bin ich aufrichtig zufrieden, und das wird mich immer freuen. Wenn du weniger ernst und weniger gründlich wärest, dann könnte ich fürchten, dass es nicht von Dauer sein würde, da ich dich aber für ernst und gründlich halte, fühle ich mich veranlasst zu glauben, dass es von Dauer sein wird.
Wenn es dir möglich sein würde, in mir etwas anderes als einen Tagedieb schlimmer Art zu sehen, so wäre mir es sehr lieb.*

* Vincent van Gogh, *Briefe an seinen Bruder*, Bd. 1, Berlin 1927, S. 176 f.

KAPITEL 7

Sei unvorsichtig, sei rücksichtslos! Sei ein Löwe! Sei ein Seeräuber – wenn du schreibst!

Ich möchte nun von einigen Dingen erzählen, die ich von meinen Schülern über das Schreiben gelernt habe. Obwohl jeder Mensch begabt und originell ist, ist es doch meistens so, dass es eine Weile dauert, bis dies zum Vorschein kommt. Es gibt viele Menschen, die zu ängstlich, zu unsicher, zu stolz oder zu schüchtern sind. Man hat ihnen zu viel über Aufbau, Handlung, Zusammenhang, Fülle und Geschlossenheit einer Geschichte beigebracht.

Mein jüngerer Bruder hat mit zwölf Jahren einmal einen Aufsatz geschrieben, in dem jeder dritte Satz lautete: »Aber leider vergeblich!« Ähnliches haben wir alle einmal gemacht und deshalb wurde uns ja auch beigebracht, das Schreiben sei etwas Besonderes, es ginge dabei nicht bloß ums Erzählen auf Papier.

Ein weiteres Problem, das Schriftsteller und Schriftstellerinnen in den ersten zwanzig Jahren mit sich herumtragen, ist ihr Bestreben, wirkungsvoll sein und andere beeindrucken zu wollen. Sie schreiben prätentiös. Es ist schwer, von dieser Angewohnheit zu lassen; ich jedenfalls hatte ein ziemliches Problem damit. Lange Zeit musste ich mir immer wieder die Frage stellen, warum so vieles, was ich schrieb, prätentiös, unehrlich, hochgestochen und im Ergebnis entsetzlich langweilig und uninteressant war. Es war grauenhaft, wenn ich meine eigenen

Sachen noch einmal las. Freilich hat sich davon auch nichts verkauft. Aber auch gar nichts.

Die Erklärung hierfür erfuhr ich in meinem Schreibkurs. Immer wieder geschah es, dass sich die Schülerinnen und Schüler – auch jene, deren Arbeiten anfangs hoffnungslos langweilig, platt, eckig und gewöhnlich waren – nach einigen Wochen heiterer Ermunterung davon wie von einem Kokon befreiten und mit einem Mal bemerkenswert lebendig, wahrhaftig und ergreifend schrieben. Dieser Wandel ergab sich plötzlich, praktisch über Nacht. Sie überwanden das Aufsatzschreiben zugunsten einer gewissen Freiheit und Ehrlichkeit und dem, was ich die »mikroskopische Aufrichtigkeit« nenne.

Was hat sie dazu gebracht? Ich denke, ich weiß es, und ich glaube, ich habe ihnen dabei geholfen, es zu tun. Jedenfalls habe ich das nicht mit Kritik bewirkt, indem ich etwa auf jede Mittelmäßigkeit in ihren Bemühungen gezeigt hätte, mit dem Ergebnis, dass sie sich bei dem Versuch, diese Fehler künftig zu vermeiden, verkrampft hätten. Nein, ich half ihnen dadurch, dass ich sie darin bestärkte, sich freier und kühner zu fühlen:

Sei unvorsichtig, sei rücksichtslos! Sei ein Löwe! Sei ein Seeräuber – wenn du schreibst! Egal wie, Hauptsache, du schreibst!

Francesca habe ich es zu verdanken, dass ich das begriffen habe. Wenn sie Geigenunterricht erteilte, sagte sie einem Kind niemals, dass es eine Note falsch gespielt hatte. Warum auch sollte man so etwas tun? Das Kind weiß es doch selbst. Jedes Kind versucht ja, sich immer näher an den richtigen Ton, an die Perfektion, heranzuarbeiten. Warum also sollte man die Aufmerksamkeit des Kindes von diesem Ziel ablenken und darauf richten, Fehler zu vermeiden? Das führt nur dazu, dass es sich verkrampft und verspannt und anfängt, den Unterricht nicht mehr zu mögen.

Ich habe oft festgestellt, dass schriftstellerisch begabte Menschen einfach Angst davor haben, ihre Geschichte schlecht zu erzählen, dass sie monatelang nicht den Mut aufbringen, auch nur einen Satz zu schreiben. Diesen habe ich Folgendes geraten: »Versuche einmal, eine richtig *schlechte* Story zu schreiben. Probiere einmal aus, wie langweilig du schreiben kannst. Mach es einfach einmal. Das wäre bestimmt lustig und interessant. Ich zahle dir zehn Dollar, wenn du es schaffst, etwas von vorn bis hinten durch und durch Ödes zu schreiben!« – Natürlich kriegt das *niemand* hin. Aber versuchen Sie es einmal. Es ist befreiend, und Sie werden merken, dass Sie alles andere als langweilig schreiben. Es verhält sich damit genauso wie bei jenen Menschen, die sich vor lauter Schuldgefühlen immer anstrengen, gut zu sein. Diese sollten einfach einmal versuchen, absichtlich grottenschlecht zu sein, und sich vornehmen, daran festzuhalten. Dann würden sie nämlich feststellen, wie leicht es ihnen fällt, gut zu sein, und sie würden damit aufhören, sich dazu zu *zwingen*, was sie zu Scheinheiligen macht, wenn auch auf angenehme Weise.

Wenn ich die schüchternen Schülerinnen und Schüler in meinem Seminar aufforderte, sie sollten einmal testen, wie schlecht sie schreiben können, dann wagten sie wenigstens ein paar kurze Sätze. Wenn man aber irgendetwas formuliert oder schreibt, offenbart man darin meist auch etwas von sich – eine zarte, heftige oder spaßige Gemütsregung –, worin auch etwas Gutes steckt, und dies stellte ich dann heraus. So wurden meine Schüler mutiger und sie schrieben immer mehr.

Dass man immer fließender schreibt, wenn man dazu ermutigt wird, möchte ich Ihnen nun am Beispiel einiger meiner

Schülerinnen demonstrieren. Und was mit diesen geschah, das passierte eigentlich allen, abgesehen von jenen, die das Schreiben für ein glattes, oberflächliches Plappern hielten. Denn, wie schon erwähnt, solche Leute geben auf, bevor sie ihre Schwatzhaftigkeit abgelegt haben und an das Wahrhaftige darunter gelangen.

Sarah McShane (so nenne ich meine Schülerin hier) ist Irin, unverheiratet und um die dreißig. Ihre Kleidung ist einfach und bescheiden, und wegen ihrer Blässe, der hohen Wangenknochen und der leicht geschlitzten Augenlider sieht sie bezaubernd chinesisch aus. Allerdings ist sie sehr schüchtern und schaut einem nie direkt ins Gesicht. Sie scheint traurig zu sein, aber wenn sie spricht, muss sie hin und wieder lächeln, etwas breit und widerwillig, worin sich ihr Humor und ihre Verlegenheit spiegeln. Sie ist Stenographin und arbeitet täglich neun Stunden. Ihr Arbeitsplatz ist im Untergeschoss eines Warenhauses.

Ihre erste schriftstellerische Arbeit, die sie mir zeigte, befand sich in einem kleinen, aber brechend vollen, etwa vier Zentimeter dicken Ringbuch, auf dem säuberlich getippt stand: »Vier Tage im Glacier Park« von Sarah McShane, 1935. Der erste Satz lautete:

> Ein vorbeifahrender Güterzug hat immer etwas Faszinierendes – die große schwarze Lokomotive mit dem hässlichen, knöchernen Arm an der Seite, die Kette der Waggons, auf denen manchmal ein großes Aufgebot an Landstreichern sitzt, die schweren Öltanks und, als Nachhut, der zylinderförmige Bremserwagen. Ein jeder, ob jung oder alt, wird stehenbleiben und ihn schweigend und mit Interesse betrachten.

Als ich las »die große schwarze Lokomotive mit dem hässlichen, knöchernen Arm an der Seite«, wusste ich, dass sie schreiben konnte. Sie sah gewisse Dinge und konnte sie beschreiben. Sie schrieb, was sie sah und empfand. Sie hatte nicht den Drang (wie jene, die eine höhere Schulbildung genossen haben), erst aufzuschreiben, was sie empfand, und danach zu überlegen: »Nein, es muss ausgefallener sein als das, vielleicht so: ›die Lokomotive, das beladene Streitross der Prärie‹ oder unverschnörkelter, etwa: ›die Lokomotive mit ihren hohen Rädern.‹«

Was sie empfand, von was sie schlicht und einfach berührt war – der hässliche, knöcherne Arm an der Seite –, das schrieb sie hin. Das war ein guter Anfang. Ich erklärte ihr, was für eine schöne bildhafte Beschreibung in diesen wenigen Worten lag. Als ich noch ein wenig weiterlas, gelangte ich an diese Stelle:

> Der neue Zug mit Klimaanlage war eine Kuriosität für sich – keine Rußflocken, kein Rauch, keine stickige Luft – stattdessen eine gleichmäßige, kühle, saubere Atmosphäre. Das Innere war in einem zarten Grün gestrichen, ein Bade- oder Schlafzimmerton. Es gab neue silberfarbene Kofferablagen, kleine sanfte Lichter für die Nacht und weiche, bequeme Salonsitze für die Passagiere. In der Tat eine De-luxe-Edition.

Daraus konnte ich entnehmen (und ihr sagen), dass sie einen einfachen, offenen Blick hatte, dass sie alles mit gelassenem Vergnügen wahrnahm und es dann einfach so, wie sie es sah, niederschrieb und dass sie über einen stillen Enthusiasmus verfügte. Sie mochte liebliche Farben: »zartes Grün«, »Silber«. Und die unbekümmerte Wahrhaftigkeit und Begeisterung, die Liebe zu den Dingen zeigten, dass in Sarah McShane viel Poesie und schöpferische Kraft steckten und dass sie ein unkomplizierter, guter Mensch war (was sich auch in ihrer Art zu schreiben widerspiegelte). Sie wählte einfache, kurze und poetische Worte, so wie die Dichter in Irland. Sie war Irin und hatte eine sanfte, wunderschöne Stimme. Auch das, so wurde mir plötzlich klar, bedeutete, dass sie schreiben konnte.

In dem dicken Ringbuch erzählte sie alles, was ihr auffiel: die Ankunfts- und Abfahrtszeiten der Züge, an welchen Städten die Bahnlinie vorbeiführte.

> Vertrautes zog an uns vorüber, während wir von der einen Twin City* zur anderen ratterten. Schornsteine und Zisternen, Häuser und Bäume, protzige Schilder, die großen Kornmühlen, der Mississippi – die Ansicht spulte sich wie eine Endlosschlaufe wieder und wieder ab.
>
> Draußen bei Wayzata** lag ausgestreckt zur Linken der kaltblaue Minnetonkasee, zitternd unter weißen Wellenkämmen, die über ihn hinwegrollten. In seinem Wasser spiegelte sich das goldene Antlitz der Sonne, umrahmt von einem glitzernden Heiligenschein.

Ich mag diese Beschreibung wirklich sehr: »… zitternd unter weißen Wellenkämmen, die über ihn hinwegrollten«. Das war genau richtig, denn sie erzählte es so, wie sie es empfunden hatte, und deshalb empfand ich es auch. »… das goldene Antlitz der Sonne, umrahmt von einem glitzernden Heiligenschein.« Das hat mir ebenfalls gefallen. Ich finde diese Formulierung jetzt, wo ich sie zitiere, immer noch schön. Dann erzählte sie von den Hotels, in denen sie übernachtet hatten:

> »Wie kann ich hier nur bleiben«, dachte ich in dem Augenblick, als ich zur Tür hineinkam. (…) Die rauhen Balken gaben dem

* Die Twin Cities sind die Zwillingsstädte St. Paul und Minneapolis (A. d. Ü.)

** Das sagte mir viel über Sarah McShane. Sie arbeitete in der Großstadt im Untergeschoss eines Warenhauses und war froh, Wayzata zu sehen! Eine ganz unspektakuläre, etwa vierzehn Meilen von ihrem Zuhause entfernte Kleinstadt. Sie fühlte Freude und Dankbarkeit. Und das konnte nur heißen, dass das Schreiben ihr lag. Begeisterungsfähigkeit ist ein Zeichen dafür, dass die schöpferische Quelle in einem sprudelt. »Schierer Enthusiasmus ist alles, was zählt«, hat Blake einmal gesagt. Ich kann das gar nicht oft genug wiederholen.

Zimmer das kalte, hölzerne Flair eines regnerischen Tages. (...) Martha war nicht anspruchsvoll. Sie ließ sich in den Korbstuhl plumpsen und zog ihre Schuhe aus.

Dieser schöne Satz zeigte und sagte mir alles über Martha.

An diesem ersten Abend gab es als Nachtmahl Obstkompott, eine Suppe mit Huhn und Okraschoten, dazu einen Berg Cracker, gegrilltes Sirloinsteak mit einer glockenförmigen Tasse, in der sich eine Kugel Irgendwas befand, Kartoffelpüree, gebutterte Erbsen, Sahnezwiebeln, Sellerie, Brötchen und Kaffee und zum Nachtisch Karameleis mit Kuchen.

Ja, sie konnte schreiben, weil sie alles einfach so erzählte, wie es war, ohne sich wichtig zu machen.

Nachdem wir den Gletscher ausgiebig betrachtet hatten, schauten wir für eine Weile den Bergziegen auf den holprigen Klippen oben auf den Gipfeln zu. Mit bloßem Auge konnten wir sie nur verschwommen ausmachen – weiße Flecken, die sich bewegten. Eine der Frauen – die von dem dicken Mann – hatte einen Feldstecher, und sie ließ uns hindurchschauen.
Nachdem ich lange Zeit hindurchgeschaut hatte, fragte sie: »Hast du die Ziegen gesehen?«
»Ja.« Ich war lediglich höflich.
»Aber ich habe die Ziegen nicht gesehen. Ich habe gar nichts gesehen. Alles, was ich gesehen habe, war die trübe, wässrige Oberfläche der Linse. Ich habe noch nie mehr als das durch einen Feldstecher sehen können.«

Die Klasse brach in lautes Gelächter aus, als ich das vorlas. »Siehst du, lustig bist du auch noch«, sagte ich zu Sarah McShane. »Siehst du, wie sie alle lachen? Du schreibst ganz toll, und Humor hast du auch.« Sie wurde vor Freude rot.

KAPITEL 8

Warum Sie sich von Absagen nicht entmutigen und unterkriegen lassen dürfen

Sarah McShane beendete ihren Reisebericht im Verlaufe dieser Seminarreihe. Ich wollte sie langsam dahin bekommen, freier und persönlicher zu werden. Sie war wie so viele sanfte und bescheidene Menschen, die das menschliche mit dem göttlichen Ego verwechseln. (Was der Unterschied ist, werde ich später zu erklären versuchen.) Solche Menschen sind von ihrer eigenen Unwichtigkeit überzeugt und verabscheuen es, »ich« zu sagen. Und um das »Ich« bescheiden zu kaschieren und klein zu halten, schreiben sie lange Reiseberichte, zum Beispiel »Am Fuße der Rocky Mountains«, mit Höhenangaben, allen möglichen Daten und Statistiken, Übernachtungsmöglichkeiten – Einzelheiten aus Reiseführern, die man schon kennt oder nachschlagen kann, wenn man sie wissen möchte.

Damit aber etwas interessant und lebendig ist, muss es persönlich sein. Es muss vom »Ich« kommen. Was *ich* weiß und empfinde, das ist interessant und lebendig, das allein ist großartig. Es ist die einzige Wahrheit, die nur *Sie* kennen, die sonst keiner kennt. Was Sarah McShane anging, so wollte ich ihr die Freiheit geben, mehr über sich zu schreiben, damit sie aus sich selbst heraus sprechen und wissen würde, dass sie wichtig ist.

Jedenfalls sagte ich ihr das nie in Form schulmeisterlicher Kritik, etwa: »Du musst aber darauf achten, mehr persönliche

Einzelheiten einzuflechten.« Sie hätte es mit Sicherheit geschafft, sich welche aus den Fingern zu saugen – kleine, unverdaute, mechanische Bröckchen wie: »Ich habe die Aussicht vom Mount Grinnell in der Tat genossen!« Nein, darauf habe ich verzichtet. Stattdessen sagte ich ihr nur, wie gut und wie interessant ihre Sachen waren, und zeigte ihr die Stellen, die das belegten. »Erzähl mehr«, sagte ich. »Erzähl alles mögliche, was dir in den Sinn kommt. Du sprichst hier von diesem Lastwagenfahrer, dessen enge Kleidung ihm passte wie die Haut einer Bulldogge. Was für ein leuchtendes Bild! – Und hat er das hier wirklich gesagt? Er hat seine Frau eine ›gelbköpfige Löwin‹ genannt? … Wie ungewöhnlich! Wieso, glaubst du, denkt er so von seiner Frau?« Schon bald füllte sie viele Seiten mit lebendigen und treffenden Worten, mit denen sie das Leben und die Menschen um sich sowie ihr eigenes Innenleben beschrieb. Ich führe Sarah McShane nicht als Beispiel an, weil sie bemerkenswerter als die anderen Schülerinnen gewesen wäre, sondern weil sie über so gut wie keine literarische Vorbildung verfügte. Sie hatte weder Kurse über Browning oder Tennyson belegt, noch hatte es bei ihr zu Hause jemals Gespräche über Dickens oder Louisa M. Alcott gegeben.

»Arnold Benedict oder Benedict Arnold!« schrieb sie in ihr Tagebuch. »Welcher von beiden war es nun? Benedict Arnold, das war der Betrüger, oder nicht? Und dieser andere, der Tagebuchschreiber, das ist der, auf den ich hinauswill. Oder hieß er Arnold Bennett?« Sie fährt fort und erzählt, Arnold Bennett hätte von sich behauptet, 1000 Wörter in 90 Minuten schreiben zu können. »Ich frage mich«, sagt sie, »wie viele Wörter ich wohl in anderthalb Stunden schreiben kann. Jetzt ist es Viertel nach neun« (nach einem neunstündigen Arbeitstag im Untergeschoss). Sie packt die Sache an und schreibt 700 Wörter.

> Aber meine Blätter sind mir auf den Boden gefallen, und ich musste unterbrechen, um sie wieder aufzuheben. Meine Schuhe haben gedrückt, und ich musste sie ausziehen. Und ich musste zwischendurch noch Seite 275 in meinem David-Copperfield-Buch finden und ein-, zweimal für eine Weile darüber nachdenken. Wenn man das von meiner Gesamtzeit abzieht, dann hätte ich es vielleicht geschafft – 1000 Wörter in 90 Minuten.

Ich will damit zeigen, dass kein einziges Wort in ihrem Tagebuch leer oder mechanisch wirkt. Jedes Wort lebt und fesselt. Für mich ist ihr Tagebuch genauso interessant wie das meiste aus dem von Arnold Bennett, und mit Sicherheit ist es wesentlich poetischer und gefühlvoller. Ich erzähle von ihr, weil sie eine viel weitere Wegstrecke als viele meiner anderen Schüler und Schülerinnen zurücklegen musste. (Natürlich hat das Schreiben sie auch dazu gebracht, gute Literatur zu lesen – Dickens und andere Schriftsteller, um zu sehen, wie diese es gemacht haben. Aber der einzige Weg, Verständnis und wirkliches Interesse für eine Sache zu entwickeln – sei es nun die Schriftstellerei, Malerei oder Luftfahrt –, ist der, es selbst zu tun.)

Außerdem erzähle ich von Sarah McShane, weil sie, obwohl sie der am wenigsten anmaßende Mensch auf der Welt und engelhaft bescheiden ist, ein leidenschaftliches Verlangen hat zu schreiben. Sie schrieb allein. Sie suchte sich Rat und Unterstützung, nahm an einem Fernkurs teil, der sie hundert Dollar kostete, obwohl sie in ihrem Tagebuch dazu schreibt: »Es war nicht so ganz das, was ich wollte. Es ging mehr um Zeitungsjournalismus, bei dem die wichtigen Fakten an erster Stelle kommen.* Außerdem legen die immer die Aufgaben fest, ich

* Mir kommt das schon lange komisch vor, dass von Zeitungstexten behauptet wird, sie seien so kurz und bündig und lebendig. Die Leute besuchen Journalismuskurse. »Oh, er hat Presseerfahrung«, erfahren wir in feierlich respektvollem Ton über einen Schriftsteller. Obwohl ja die Zeitungsmethode – mechanisch ein halbes Dutzend

aber wollte über Themen schreiben, die ich mir *selbst* ausgewählt hatte.«

Das belegt doch – und deshalb erwähne ich es –, dass der Wunsch zu schreiben in vielen dieser unaufdringlichen Menschen stecken muss, obwohl sie nicht im entferntesten glauben, damit Geld zu verdienen oder literarische Anerkennung zu finden.

Hier also noch ein paar Seiten aus Sarah McShanes dickem Ringbuch:

> *Sonntag, 6. Dezember 1936*
> Ich bin heute morgen zur Acht-Uhr-Messe gegangen. Normalerweise gehe ich schon zu der um sieben. Dann spricht immer Pater Corrigan, und ich liebe seine Predigten. Er redet so viel über die kleinen Dinge des Lebens. Er ist ein großer Mann, und obwohl er nur noch einen Lungenflügel hat, kann man ihn in der ganzen Kirche hören. Dabei scheint er noch nicht einmal laut zu sprechen. Er ist nie gesund, nie ohne Schmerzen, und trotzdem klagt er nie. Alle seine Gemeindemitglieder lieben ihn. Was würde St. Mark's ohne ihn tun? Manchmal handelt es sich bei den Dingen, über die er spricht, um die alltäglichen Fehltritte, und es kommt mitunter vor, dass ich mich dieser während der Woche schuldig gemacht habe. Früher habe ich mir immer vorgestellt, er schaue mich an und wisse, dass ich diese Dinge getan hatte. »Woher kann er wissen, dass ich das gemacht habe?«, dachte ich dann immer und wünschte mir ein Loch in der Bank, durch das ich wegtauchen konnte.
> Als ich nach Hause kam, lag Mutter auf dem Sofa. »Du musst

Fakten in einen langen Eingangssatz zu zwängen, um dann eine ganze Spalte lang vier- oder fünfmal zu wiederholen, was eingangs schon gesagt wurde – so ziemlich die langweiligste, komplizierteste und unverständlichste Art zu schreiben ist.

Bei den meisten Zeitungen stelle ich fest, dass meine ganze gebündelte Willenskraft nicht ausreicht, um mehr als die Überschriften zu lesen. Das liegt nicht an den Themen, denn alles auf der Welt ist interessant. Es liegt am Schreibstil.

dich selbst um dein Frühstück kümmern«, sagte sie, »ich bin krank.« Mutter wird langsam alt und ich sage ihr oft, dass sie mir kein Frühstück machen soll und sich um mich keine Sorgen zu machen braucht. Ich kann mir selber Frühstück machen, aber sie hört gar nicht zu. Das Frühstück steht immer auf dem Tisch und wartet auf mich. Mutter hatte schlimme Kopfschmerzen. Die hat sie recht häufig und dann muss sie im Bett bleiben, manchmal den ganzen Tag. Wenn sie keine Kopfschmerzen hat, dann plagt sie ihr Rheuma. Sie ist selten ohne Schmerzen.

Nach dem Frühstück wollte ich das Geschirr spülen und Vater kam zur Esszimmertür herein. Ich kann immer sagen, wenn er kommt. Sein Stock macht dann tromp, tromp auf dem Fußboden. Vater ist jetzt schon alt. Sein Haar ist weiß und er hat ein gütiges Gesicht. Er hat die merkwürdige Vorstellung, dass alte Leute dick sein müssen. Er misst oft seinen Umfang, und wenn er keine hundertzwanzig Zentimeter um die Taille hat, fängt er an, sich Sorgen zu machen und mehr zu essen. Er glaubt dann, irgendetwas sei nicht in Ordnung.

Ich spülte und er trocknete das Geschirr ab. Ich liebe es zu spülen. Oft denke ich, falls ich meinen Job einmal verlieren sollte, dass ich dann versuchen würde, irgendwo einen neuen als Tellerwäscherin zu bekommen. Und Vater spült auch gern. Er mag Hausarbeit sowieso gerne. Er kann genauso gut kochen wie eine Frau. Obwohl ich ihn noch nie beim Kuchen- oder Strudelbacken gesehen habe, hat er schon viele Male Brot – und zwar gutes Brot – gebacken. Ich glaube, er würde die Arbeit im Haushalt jeder anderen Arbeit vorziehen.

Nachdem wir mit dem Geschirr fertig waren, bereitete ich alles vor, um den Fußboden zu putzen. Mutter hatte ihn gestern nicht geputzt. Sie hatte sich nicht gut gefühlt und der Fußboden musste dringend geputzt werden. Als ich es bemerkte, musste er schon schmutzig gewesen sein. Das würde Mutter jedenfalls sagen und da ist was dran.

Als ich gerade nach einem Wischlappen und einem Eimer

suchte, hörte ich Schritte im Esszimmer. Das war Mutter. Sie war auf den Beinen und lief herum. Ich wollte nicht, dass sie mitkriegte, wie ich drauf und dran war, den Boden zu putzen. Sie würde das nicht wollen.
Also schlich ich auf Zehenspitzen hinunter in den Keller, um einen Eimer zu suchen. Eimer waren bei uns Mangelware. Wir haben nur zwei. Einen fand ich, aber in dem war grünes Wasser, vielleicht wieder irgendetwas Neues, womit mein Bruder herumexperimentierte. Er macht immer irgendwelche Experimente. Ich lief noch zweimal zurück, um das grüne Wasser einfach wegzuschütten, tat es dann aber doch nicht. Den anderen Eimer konnte ich nicht finden, aber drüben auf dem Boden neben der Waschmaschine stand eine Schüssel, die ihre besten Tage bereits hinter sich hatte. (...)
Ich erinnerte mich schwach, dass Mutter einmal irgendein Pulver beim Putzen des Fußbodens verwendet hatte, also tat ich etwas Goldstaubpulver in die Schüssel und füllte sie mit heißem Wasser. Dann begann ich, den Boden zu scheuern. Kaum hatte ich damit angefangen, kam Mutter durch die Esszimmertür.
»Kümmere dich nicht um den Fußboden«, sagte sie, »ich werde ihn nach dem Abendessen putzen.« Das war typisch für sie. Nie will sie, dass ich etwas im Haushalt mache. Sie findet, dass ich genug tue, wenn ich den ganzen Tag arbeiten gehe. Wenn ich keinen Job hätte und nur zu Hause bliebe, müsste Mutter gar nichts mehr tun. Sie könnte sich nur noch mit den Dingen beschäftigen, die ihr Spaß machen – nähen, lesen, häkeln, stricken, Solitär spielen, Puzzles zusammensetzen und Kreuzworträtsel lösen. Ich habe schon oft vorgeschlagen, dass wir jemanden einstellen, der einmal die Woche kommt und das Haus sauber macht, aber nein, davon will sie nichts wissen. Sie fühlt sich angegriffen und denkt, das sei, weil wir fänden, sie erledige ihre Aufgaben nicht.
Ich weiß nicht, was ich ohne meinen Vater und meine Mutter tun würde. Sie sind die kostbarsten »Dinge« auf der Welt. Wenn

> ich morgens aufstehe und das Haus warm ist, denke ich oft darüber nach, wieviel das bedeutet. Vater zündet um halb sechs das Feuer an und um halb sieben ist es kuschelig warm.

Nun, Sie sehen, dass sie gut schreibt, so verständlich und unverschnörkelt. Ohne ein einziges überflüssiges Wort macht sie uns mit ihrem Leben und dem Leben ihrer Familie vertraut, mit dem, was sie alle denken und fühlen und wie sie leben. Und die ganze Zeit über, obwohl sie nirgends näher darauf eingeht, wie die Personen aussehen, glaubt man, sie zu sehen, als könnte man sie wiedererkennen, würde man ihnen auf der Straße begegnen. Sogar über den Bruder, der nicht zu Hause ist und der mit grünem Wasser im Eimer Experimente macht, meint man alles zu wissen.

Ich blättere in ein paar der großen Hochglanzmagazine, die in diesem Monat herausgekommen sind. Die Leute, die für solche Magazine schreiben, haben alle eine gute Schulbildung genossen, sind prominent und bekommen für ihre Texte viel Geld. Ich finde in diesen Geschichten nichts, das besser wäre, als das, was Sarah McShane schreibt, auch nichts, das genauso gut wäre, nichts, das einen voll solch stillen, überzeugten Interesses mitzieht. Hier also ein Auszug aus einem Artikel von Faith Baldwin, sie gehört zu den am besten verdienenden Schriftstellerinnen:

> Der alte Bradley setzte sich im Bett auf und schüttelte den Kopf, um den Nebel vor seinen Augen zu lichten. Er ließ seine Füße auf den Boden gleiten, schlüpfte in seine Puschen und blieb noch etwas sitzen, während er lauschte. (…) Gleich. Er würde sich hineinschleichen und die Jungen auffordern, leise zu sein, und dann würde er noch vor allen anderen ins Badezimmer gehen. Er strich sich mit der Hand über die Bartstoppeln am Kinn. Er könnte sich jetzt rasieren und dann runtergehen, um

> sich für Winnie zurechtzumachen. Die Entscheidung erschien ihm von großer Tragweite zu sein. Grundsätzlich wartete er mit dem Rasieren, bis die Kinder in der Schule waren und ihre Mutter und ihr Vater sich auf den Weg zur Arbeit gemacht hatten. Es würde ein Luxus sein, sich schon vor dem Frühstück zu rasieren. Zu Hause hatte er das immer gemacht – man fühlte sich wie ein achtbarer, ganzer Mann, wenn man mit einem sauberen, glatten Gesicht nach unten kam. Man genoss das Frühstück mehr.

Das ist nicht so gut, wie das, was Sarah McShane schreibt. Man sieht deutlich, wie diese Schriftstellerin mehr Wörter braucht, um weniger zu sagen. Das heißt, man sieht und kennt den alten Bradley nicht so gut, wie den Vater von Sarah McShane. Und wenn die Schreiberin in dem Magazin sagt: »Die Entscheidung war von großer Tragweite«, merke ich, wie ich an dieser Stelle anfange zu denken: »Nein, sie war nicht von großer Tragweite, das glaube ich einfach nicht, und deshalb lese ich hier etwas rein Erfundenes, Schwindel, und sie flechtet diese Bemerkung nur da rein, um mich zu beschwören, ihr zu glauben, oder damit es sich wie echte Schriftstellerei anhört.«

Aber probieren Sie es selbst aus. Nehmen Sie sich irgendein Stück Fortsetzungsroman aus einem beliebigen Magazin vor und Sie werden feststellen, dass es nicht so gut und lebendig geschrieben ist und Ihnen auch nicht so nachdrücklich im Gedächtnis haften bleibt wie das, was Sarah McShane geschrieben hat.

Ich schlage *Von Mäusen und Menschen* auf, weil es sich hier nicht um triviale Literatur handelt, sondern um »unverfälschten Realismus«, wie die Literaturkritiker das nennen, bzw. um »richtige« Kunst. Der Schreibstil unterscheidet sich von dem von Sarah McShane, aber besser, überzeugender, lebendiger ist er nicht. Der Wortschatz ist umfangreicher. Aber um ehrlich zu sein, überschlage ich mich nicht gerade vor Mitgefühl für die Menschen in dem Buch, ganz anders als ich das für Sarah McShane und ihre Familie tue.

Es kann sein, dass ich voreingenommen bin, denn wie jeder Mensch bin ich immer ganz vernarrt in die Leute, denen ich zu helfen versuche. Ich weiß natürlich, dass es nicht ganz fair ist, einen fiktionalen Roman mit einem Tagebuch zu vergleichen, also mit etwas, das wirklich passiert ist. Es ist ungleich schwerer, einen guten Roman zu schreiben, das heißt so zu schreiben, als wäre die Geschichte wahr. Wenden wir uns also einmal solchen Magazin-Artikeln zu, in denen Leute Tatsachen, die Wahrheit, das, woran sie glauben und was sie selbst erlebt haben, schildern. Hier ist ein solcher Artikel aus der *Pictorial Review:*

> Uns heutigen Müttern von Mädchen, die gerade in die Frauenrolle hineinwachsen, braucht niemand zu erzählen, dass wir uns einer Welt voller Schwierigkeiten gegenübersehen. Jede von uns weiß in ihrem Herzen, dass sie all ihr Verständnis und all ihre Weisheit braucht, wenn sie eine Hilfe für ihre Kinder sein will. Es bringt nichts, das Vonstattengehen von Veränderungen zu leugnen. Zwischen dieser und unserer Generation gibt es wohl die seit vielen Jahren größten Unterschiede im Denken und Verhalten, und es geht dabei nicht um Oberflächlichkeiten, sondern um Fundamentales.

Nicht so gut wie Sarah McShane. Lange, komplexe Wörter statt kurzer, poetischer. Schwer lesbar. Man muss sich darauf konzentrieren. Und wenn man sich gedanklich durch diese Anballung von »Frauenrolle«, »Generation«, »Oberflächlichkeiten« und »Fundamentalem« durchgepflügt hat, merkt man, dass diese Frau nur etwas sagt, was einem schon bekannt ist.

Es gibt keine Neuigkeiten und es entspricht dem, was hundert andere schon gesagt haben. Und obendrein stimmt es wahrscheinlich noch nicht einmal.

Schon allein dieser erste Satz: »Uns heutigen Müttern von Mädchen, die gerade in die Frauenrolle hineinwachsen, braucht keiner zu erzählen, dass wir uns einer Welt voller Schwierigkeiten gegenübersehen.« Wenn es keiner zu erzählen braucht, wieso erzählt sie es dann? Warum stiehlt sie den Lesern die Zeit mit diesem langen, undurchsichtigen Satz? Sarah McShane würde niemals etwas in dieser Weise übererklären. Sie würde den Leser geradewegs zum Kern führen: »Viele Mütter stehen vor einem Problem« – das wäre leichter lesbar, interessanter und stilistisch besser. (Und ich würde nicht behaupten, dass das nur *meine* Meinung ist. Carlyle, Ibsen, Henry James, George Bernard Shaw, Dostojewskij und viele andere würden sicher dasselbe sagen.)

Und hier kommt noch ein Artikel über das Leben zu Hause, worum es sich ja auch bei Sarah McShane drehte. Er steht in *McCall's* und stammt von Eleanor Roosevelt. Sie nennt ihren Artikel »Mein Zuhause«, und dieser fängt so an:

> Es gehört sich natürlich, wenn ich jetzt an mein Zuhause denke, dass mir zuallererst das Weiße Haus einfällt! Ich erinnere mich noch gut daran, wie Frau Hoover mich durchgeführt hat. Vielleicht überrascht es, dass ich im Geiste die Anzahl der Zimmer registriert habe, deren Lage und wie viele Leute ich dort unterbringen könnte. Aber obwohl ich vielleicht feststellte, dass das Mobiliar ersetzt werden musste, zumal ein Großteil davon dem Präsidenten und Frau Hoover persönlich gehörte, hinterließ die Einrichtung keinen tieferen Eindruck bei mir.
> Ich muss gestehen, als wir am Tag der Amtseinführung hereinkamen und ich in den ersten Stock hinaufging, mit dem Wissen, dass wir hier tatsächlich wohnen würden, war ich schon

> etwas bestürzt über das Gefühl der Leere, das einen in einem Haus, welches völlig bar jeglicher persönlicher Dinge ist, überkommen kann.

Nein. Sarah McShane schreibt besser als Frau Roosevelt. Nun habe ich nichts daran auszusetzen, dass diese Magazine statt der Arbeiten von Sarah McShane das veröffentlichen, was sie veröffentlichen. Dafür gibt es tausend Gründe. Und es spielt auch keine Rolle, ob Sarah McShane besser schreibt als Frau Roosevelt. Letztere wäre die erste, die sich darüber freuen würde. Außerdem sind diese Magazinschreiberinnen, die ich – vielleicht ein wenig spöttisch und gemein – zitiert habe, so vielen verwirrenden Dingen ausgesetzt, die sie aus der Bahn werfen. Und deshalb können sie ihr klares, wirkliches Selbst gar nicht so wie Sarah McShane entdecken und beim Schreiben daraus schöpfen. Sie müssen sich Gedanken machen: »Ist das in etwa das, was der Verlag will? … Ist das klug? … Hört sich das so an, wie sich ein Text in einem Magazin anhören sollte?«

Ich erzähle das hier alles aus folgendem Grund: Ich möchte Ihnen klarmachen, dass es Millionen Menschen gibt – mit oder ohne höhere Schulbildung –, die Dinge denken und empfinden, die interessant sind, und dass diese Menschen das alles genauso wunderschön aufschreiben könnten wie die berühmten Männer und Frauen und wahren Poeten.

Ich möchte, dass Sie das wissen, damit Sie sich von Absagen und Ablehnungsschreiben nicht entmutigen und vernichten lassen. Und damit Sie nicht allzu ehrfürchtig vor erfolgreichen Autoren erblassen, sondern einfach auf Ihre eigene Weise zu Werke gehen, so wie Sarah McShane.

KAPITEL 9

Die Menschen verwechseln das menschliche mit dem göttlichen Ego

In Minnesota gab es eine Frau, die auf dem Land lebte und sehr erfolgreich Artikel für Magazine schrieb. Manche dieser Artikel über das Leben in der Kleinstadt und auf dem Land verkaufte sie gleichzeitig an mehrere Zeitungen. Meine Schüler sprachen sehnsüchtig von ihrem Talent, und manche kopierten ehrfurchtsvoll das, was sie schrieb, in ihre Tagebücher.

Hier kommt nun ein Zitat aus der Arbeit dieser Autorin. Zwischendrin werde ich meine [*kursiv* hervorgehobenen] Anmerkungen machen und darin erklären, warum dieser Text nicht so gut ist, wie er sein könnte.

> Wie still es zu sein scheint, nachdem der Mähdrescher hinter der Straßenbiegung verschwunden ist. Der Ort erscheint leer. Man wünscht sich, sie käme zurück – die Drescherkolonne mit ihrem Gefluche und Gelächter und Gestreite. Wie nüchtern nun alle sind, sogar die Kinder. Und was für ernsthafte Gesichter sie haben. Hinter der Scheune ragt drohend ein glänzender, gelber Strohballen auf – unvertraut und alarmierend in seinem Erscheinen [*unvertraut vielleicht, aber nicht alarmierend*]. Aber er ist ein Denkmal für die Mühen und den Schweiß eines Ehemanns, und plötzlich ist man tief ergriffen. [*Nein, ist man nicht.*] Das Leben wird unendlich kostbar. [*Ich kann nicht fühlen, dass sie das wirklich meint, nur weil sie einen Strohballen ansieht.*]

Vielleicht wird der gut gekleidete Herr laut Modeprognosen leichte Mäntel und Gamaschen und solche Dinge tragen [*hineingezwängt, um zu amüsieren*], aber in dieser Gegend wird es einige gut gekleidete Männer geben, die hohe Stiefel tragen [*tussiger Humor; das heißt, nicht von Herzen kommend, sondern berechnend*], verschwenderisch geschmückt mit Schlamm und Bauernhofinsignien; Vogelscheucheneffekte werden den Ton angeben [*hineingezwängt, um zu amüsieren*]. Pullover mit zerfetzten Ärmeln und ausgeleierten Bündchen, flatternde Latzhosen, Kappen, die steif sind von Fett, Hautcreme und Staub. [*Das ist gut, weil es stimmt und man es innerlich nachvollziehen kann.*]
Im Gegensatz zu der von Longfellow kommt während der Zeit des Korndreschens die unsterbliche Pause der Landfrau zwischen der Morgendämmerung und dem Tageslicht [*hineingepresst, um literarisch zu sein*], diesen nebulösen [*Ich glaube nicht, dass sie wirklich »nebulös« meint.*] zehn oder fünfzehn Minuten, in denen sie ein wenig Zeit für sich selbst hat. Die Küche ist warm, das Frühstück köchelt vor sich hin, die Kinder sind noch nicht aufgestanden, der Mann ist noch nicht aus der Scheune zurück, und plötzlich scheint es da nichts zu tun zu geben. Kann das wahr sein? [*Natürlich ist es wahr! Es passiert jeden Morgen.*] Dieser Augenblick ist einer der süßesten des ganzen Tages: Ein Augenblick, in dem sie an einem Ostfenster sitzen und dem Tag dabei zusehen kann, wie er sich aus seiner rosaroten Seidenhülle schält. [*Das mag ich wirklich sehr.*] Ein Augenblick, so unglaublich schön. [*Aber das hier glaube ich irgendwie nicht. Ich habe das Gefühl, es ist überspannt und nicht so empfunden. Wenn es so empfunden und wirklich so erlebt wäre, würde ich es glauben.*]

Man kann hier schön erkennen, dass alles, was Falschgeld und übergestülpt ist, nicht gut ist und langweilig wirkt. Zumindest mir kommt es so vor.

Eine Kursteilnehmerin schrieb Folgendes über das Farmleben, nachdem sie frei genug geworden war, um einfach nur ehrlich und ohne Bedenken aufzuschreiben, was sie davon in Erinnerung hatte:

> Vielleicht war es nur die Freude darüber, es kuschelig warm zu haben, während der Wind draußen Gegenstände durch die Luft peitschte – aber ich liebte den Wind, und es erfüllte mich mit so etwas wie Frieden, ihn zu hören. Ich wickelte meine Hände um die gedrechselten Knäufe des Sofas, dessen Matratze mit Getreideschalen gefüllt war, und schnupperte zufrieden den leicht muffigen Geruch, weil er so heimisch war. Ich fuhr mit meinen Fingern an den Fischgrätennähten zwischen den Flicken der Sofadecke entlang – dieser Decke aus abgelegten Herrenanzügen, Grau- und Brauntönen und dunkelblauer Serge, ein Zeugnis stiller Winternachmittage am Ofen. Die Uhr auf ihrem schmalen Wandbord über dem Zeitungsständer tickte mit einem kleinen Stottern. Ab und zu war das Quaken der Enten zu vernehmen, und der nachmittägliche Güterzug raste wie immer mit seinem aufgeregten Rhythmus vorbei. Ich wandte meinen Blick den Bildern zu, die hoch oben an der Wand unter der Stuckleiste hingen: ein Druck von der Arche Noah und den Tieren, wie sie Paar für Paar sicher hineingehen, der aktuelle Kalender der *General Mercantile Company*, mit Schnee auf den Dächern, der aus Flitter bestand, ein Foto der guten Großmutter, das von einem Kranz aus Wachsblumen umgeben und in Walnuss gerahmt war.
>
> Das Foto erinnerte mich an das, was mir Pauline ein paar Tage zuvor erzählt hatte: Ihre Mutter habe ihr versprochen, wenn der Großvater sterbe, dass dann sie – Pauline – und alle ihre Schwestern mit zur Beerdigung gehen dürften. Immerhin war er nicht *mein* Großvater. »Könnte ich dennoch an diesem Abenteuer teilhaben?«, fragte ich mich. Oh, das hoffte ich. Nicht, dass ich dem Großvater den Tod gewünscht hätte, denn er war trotz

seiner Grummeligkeit gutmütig, gab uns rosa gestreifte Pfefferminzbonbons und erzählte von den Tagen in Missouri, wo er als Junge gelebt hatte. Es war nur, weil Trauerfeiern so schön waren. Pauline und ich hatten vor noch nicht allzu langer Zeit einen Blick auf eine in der Nachbarschaft erhaschen können. Es war an einem verschlafenen Nachmittag gewesen, und durch die offenen Fenster des Hauses hindurch hatten wir den Klang der Heimorgel und einer gesungenen Hymne gehört. Der Hof war voller Pferde und Kutschen gewesen, und von überall her waren Verwandte herbeigekommen. Wir hatten den Duft der Blumen eingeatmet, die aus »den Metropolen« geschickt worden waren, und mit lebhaftem Interesse die vielen Erwachsenen, die weinend aus dem Haus herauskamen, beobachtet. »Oh, schau dir *den* an!«, hatten wir uns hin und wieder in einer Art melancholischem Wettbewerb, wer wohl den am lautesten Schluchzenden entdecken würde, zugeflüstert.

Also ertappte ich mich nun manchmal dabei, wie ich den Großvater mit makabrem Interesse beäugte, obwohl ich mich für meine Gedanken ein bisschen schämte. Trotzdem, würde es ihm wirklich so viel ausmachen? Er war doch schon alt. Was sein genaues Alter anging, so war es mir etwas schleierhaft, aber ich konnte mir vorstellen, dass er schon fast fünfzig war. Nun, mal sehen.

Im Moment genügte es mir, einfach nur dazuliegen und an nichts zu denken. Es war noch genügend Zeit, um ein Nickerchen zu halten, bevor das späte Mittagessen auf dem großen, mit einem Wachstuch bedeckten Tisch in der Mitte des Zimmers serviert werden würde. Da würden Milch und Kaffee, Wurst und Käse und Gelee und Kekse stehen. Außerdem war heute der Tag, an dem es frisches Brot geben würde, bestrichen mit viel Butter.

Vielleicht würde es ein wenig regnen – es fing an, dunkel zu werden. Das machte mir nichts aus, denn dann würden wir mit Tüchern über dem Kopf vom Haus in die Sommerküche im

Gartenhaus rennen und vor Vergnügen quietschen, wenn jemand in eine Pfütze trat.

Das Geräusch des Windes wurde lauter, und ich stützte mich auf meinen Ellbogen, um nach draußen schauen zu können. Ja, es wehte kräftig. Ein Hahn, der mit seinen zerzausten Federn ganz schön dusselig aussah, trippelte quer über den Hof, hinüber in seinen schützenden Verschlag. Ein Ast eines in der Nähe stehenden Baums schlug hart gegen die Fensterscheibe. Die alte Schaukel schlingerte mit nervöser Unregelmäßigkeit vor und zurück. Heubüschel aus dem hinteren Teil des Schuppens, in dem die Mähmaschine stand, wurden über den Rasen verstreut.

Unter dem harschen Geräusch des Windes vernahm ich ein tiefes Stöhnen. – Es kam von der Reihe Weiden am anderen Ende des Gartens. Und dieses Geräusch mochte ich am liebsten. Ich legte mich zurück, um mit geschlossenen Augen zu lauschen, und spürte, wie ich davonglitt – köstlich davonglitt. Die Fenster klapperten, aber das mochte ich auch. Alles war vertraut, beruhigend – und sicher. Nie könnte es eine geeignetere Zeit oder einen besseren Ort für einen genussvollen Schlaf geben – gewiegt vom Wind und wissend, dass ich am Ende der sanften Dunkelheit erwachen würde, hinein in den Anblick freundlicher Gesichter und das Geräusch gutmütiger, wohlbekannter Stimmen.*

Sehen Sie, diese Art zu schreiben ist sehr schön. Es ist unmöglich, etwas zu kürzen. Ich versuchte hier oder da einen Satz herauszunehmen, brachte es aber dann doch nicht fertig; die Sätze sind alle zu gut und zu wichtig und jeder trägt zum Ganzen bei. Deshalb ist es Kunst, Literatur, Prosa oder wie immer Sie es nennen möchten. Aber ich sage Ihnen nicht: »Schauen Sie sich das hier an. Das hier ist gut, dieses dort

* Von Elsa Krauch.

schlecht.« Niemals. Ich sage lediglich, dass alle Menschen in sich die Kraft haben, großartig und gut zu schreiben, solange sie frei und unbeschwert das ausdrücken, was für *sie* wahrhaftig ist.

Wenn ich Ihnen das nicht sagen würde, wenn ich wie die meisten Lehrer und Kritiker einfach behaupten würde: »Nun, *das* ist wirklich gut! Nehmt euch das mal vor!« und es in den Himmel loben würde, würden Sie versuchen, genauso zu schreiben. Und das wäre überhaupt nicht gut. Nein, schöpfen Sie aus sich selbst.

Ich hoffe, es gelingt mir später, Ihnen zu zeigen, wie das geht; zumindest möchte ich Ihnen dabei helfen.

Die Frau, die ihre Erinnerungen an die Farm so schön beschrieben hat, lebte allein, hatte keine Familie, hatte ihren Job verloren. Als sie in meinen Kurs kam, war sie blass, mit einem fast schon unnatürlichen Mangel an Selbstvertrauen und blockiert durch eine Selbstverachtung, von der sie absolut überzeugt war. Sie hatte einen leeren, kalten, unbehaglichen Gesichtsausdruck und eine fast unhörbare, zögerliche Stimme. Sie war allerdings hübsch, trug winzige, modische Hüte und hatte ein wundervolles, breites und sehr einnehmendes Lachen.

Am ersten Kursabend sagte sie schüchtern und kaum hörbar, dass sie manchmal darüber nachsann, als Kolumnistin für eine Zeitung zu arbeiten. Mit größter Zurückhaltung ließ sie mich ein paar Sätze sehen: »Normalerweise ist sie bedrückend düster, diese Aussicht von meinem Fenster: Rußflocken, parkende Autos, herunterhängende Zäune, müde aussehende, flache Gebäude. Dann, eines Morgens – der tiefe, frische Schnee …« Und so weiter.

»Sie schreiben sehr, sehr gut«, sagte ich. Das war keine Schmeichelei. Ich sagte ihr das so, wie ich das schon zu vielen anderen gesagt habe. Ich meine es immer ernst, und immer ist es aufrichtig und wahr.

Innerhalb von zwei Jahren hat sie ein gutes und erfolgreiches Buch geschrieben. Sie lebt vom Schreiben, von Übersetzungen und anderen Arbeiten. Ihr Schreibstil wird immer freier und besser, ehrlicher und üppiger werden. Ich bin sicher, dass sie noch ein schönes, erfülltes Leben mit wichtigen Aufgaben vor sich hat. Was den Fortschritt anbelangt, ist sie meine bisherige Starschülerin. In kurzer Zeit hat sie zu großem Selbstvertrauen gefunden. Jetzt hat sie wirkliche Achtung vor sich selbst, ist unerschrocken und wird ihre Intelligenz, ihr Licht und die Begabung in sich behaupten, egal, was in diesem oder dem ewigen Leben passiert.

Und vielleicht kann ich an dieser Stelle erklären, was für mich den Unterschied zwischen dem menschlichen und dem göttlichen Ego ausmacht. Mit Selbstvertrauen und Unerschrockenheit meine ich nicht Selbstherrlichkeit (das menschliche Ego). Selbstherrlichkeit ist etwas vollkommen anderes. Es ist ein unbeweglicher Zustand, bei dem man sich auf einer Errungenschaft aus der Vergangenheit (oder auf etwas Zusammenfantasiertem) ausruht. Dann liegt man auf seinen Lorbeeren und sagt zu jedem (es gibt viele Worte, um das auszudrücken): »Schau mich an! Ich habe dies oder jenes getan!« Aber Selbstvertrauen ruht sich nie aus, sondern arbeitet unaufhörlich und ist ständig bestrebt, und es ist immer bescheiden und dankbar und offen für das, was neu und besser ist. Ich glaube, deshalb hat man beim Angeben auch so ein leicht unangenehmes Gefühl und bereut es jedesmal: »Wieso habe ich angegeben? Die Sache ist doch eigentlich längst gegessen. Wieso mache ich es mir so einfach und zerreiße mir das Maul darüber? Ich sollte stattdessen etwas Neues und Besseres tun.« Aber man bereut nie das Gefühl der Stärke und das Verständnis in sich, und damit meine ich das göttliche Ego. Dieses sollte immer weiter wachsen.

Und Sie müssen lernen, Folgendes zu tun: Wenn Sie etwas geschrieben haben, und alle sagen Ihnen, dass sie es schlecht finden – Verleger, Kritiker, einfach alle –, dann überdenken Sie es noch einmal, und vielleicht werden Sie zu der Auffassung gelangen, dass diese Leute Recht haben. Aber Sie dürfen sich deshalb nicht schämen oder dadurch entmutigen lassen, sondern müssen unbedingt weiterschreiben. Wenn Ihnen aber alle sagen, es sei schlecht, und Sie finden trotzdem noch mit Ihrer ganzen Seele, dass das, was Sie geschrieben haben, gut ist – wenn Sie feststellen, dass Sie das Geschriebene immer noch glauben und nachfühlen können, und wenn es für Sie wahrhaftig ist –, dann müssen Sie dazu stehen. Und vielleicht hilft es Ihnen dann, an Beethoven zu denken, der in seiner letzten Schaffensperiode taub war. Von ihm wurde behauptet, er hätte all diese kleinen Dreher in seiner Musik gehabt, weil er nicht richtig hören konnte. Aber Beethoven wusste von den Dissonanzen. Sie waren von ihm beabsichtigt. Er hat sie wie ein Löwe gegen die ganze Welt verteidigt. Aber wie Sie sich vorstellen können, war das bestimmt nicht gerade leicht für ihn.

Die Frau mit dem mangelnden Selbstvertrauen, die ihre Erinnerungen an die Farm aufgeschrieben hat, hatte bei ihrem so rasanten schriftstellerischen Höhenflug einen Vorteil, und dieser bestand darin, dass sie ein so trauriges, einsames Leben führte. (Man spürt deutlich, dass ihre Kindheitserinnerungen an die Farm so voller Wonne waren, weil sie dort von gütigen, warmherzigen Menschen umgeben war.) Aber das gab ihr einfach eine Menge Zeit zum Nachdenken, sodass ihre Imagination arbeiten konnte, und es entstand so bei ihr das Bedürfnis, sich auszudrücken und alles aufzuschreiben.

Alle Menschen haben in sich dasselbe Licht, ihre eigene schöpferische Kraft. Wenn sie diese doch nur wahrnehmen würden, ihren Wert schätzen lernten und sie herauslassen würden!

KAPITEL 10

Warum Frauen, die zuviel im Haushalt arbeiten, diesen zugunsten des Schreibens vernachlässigen sollten

Ich habe herausgefunden, dass dies hier der richtige Weg ist, die Menschen dazu zu bringen, gut zu schreiben und ihnen vor Augen zu führen, wie begabt sie sind. Wenn sie das erst einmal erkannt haben, wachsen Kühnheit und Ungezwungenheit von allein: Ich habe meine Schüler immer aufgefordert, von irgendeiner Kindheitserinnerung zu erzählen und diese möglichst unbeschwert, unverblümt, schnell und leicht zu Papier zu bringen. Das hat aus folgenden Gründen funktioniert: Sie haben aufgehört, über das Schreiben als solches nachzudenken und darüber, wie die Lehrerin zufrieden zu stellen wäre. Ihr einziges Streben war auf einmal, spontan und impulsiv zu erzählen, an was sie sich gerade erinnerten.

Um Erinnerungen aus ihrer Kindheit habe ich sie aus folgendem Grund gebeten (vorausgesetzt, dass sie überhaupt Lust hatten, darüber zu schreiben, und es für interessant hielten; denn manche Menschen bevorzugen andere Wege, das Schreiben zu lernen), weil ein Kind die Dinge mit seinem wahren Selbst wahrnimmt, das heißt schöpferisch. Es nimmt sie nicht mit seinem theoretischen Selbst wahr (pflichtbewusst, nämlich mit dem Selbst, das es glaubt, sein zu *müssen*). Darum sind Kindheitserinnerungen die lebendigsten, sprühendsten und klarsten, wie jene des im vorhergehenden Kapitel genannten

Kindes, das sicher nicht aus Boshaftigkeit wünschte, dass der Großvater sterbe, damit es in den Genuss einer Trauerfeier käme.

Aber ein Erwachsener, der über frühere Erlebnisse schreibt, über Dinge, die *gestern* passiert sind, fügt sich einer ständigen Überprüfung seiner Gedanken. Bis er sein wahres Selbst entdeckt und gelernt hat, aus diesem heraus zu schreiben, so lange wird er sich wohl sagen: »Meine Güte, wie konnte ich nur jemals so etwas Gemeines über Tantchen Mae denken!« Und er schreibt deshalb: »Sie war einfach eine liebe, alte Dame mit einem schelmischen Zwinkern in den Augen.« Aber das kommt nicht aus dem wahren Selbst heraus, und deshalb ist es auch nicht gut.

Einmal kam eine etwas schäbig aussehende und schwer arbeitende Mutter von vier Kindern in den Kurs; sie wollte das Schreiben lernen. Sie hatte in den Abendstunden, wahrscheinlich nach elf Stunden Hausarbeit, einen langen, schlechten und ziemlich grauenhaften Roman geschrieben, alles mit der Hand auf blauliniertem Schreibpapier. Ich hätte einen Teufel getan, ihr zu sagen, dass ihr Roman schlecht war. Denn damit hätte ich genauso ein Todesurteil über sie gesprochen, wie das die vielen Freunde, die Eltern, Lehrer, Verleger und Chefs mit Vergnügen in gutmeinender Pflichterfüllung tun. Außerdem hatte ich selbst einmal ebenso schlechtes Zeug geschrieben, das vielleicht auf einem größeren Wortschatz basierte, aber die gleiche Schwäche zeigte: aus der Geschichte eine kleine Enklave machen zu wollen, in der man demonstriert, »dass das Gute immer siegt«. Ich werde später zu erklären versuchen, warum das nichts bringt.

Und da die Art zu schreiben immer ein Spiegel der eigenen Persönlichkeit ist, wird es so sein, dass jetzt – da ich immer weniger predigen möchte und den Menschen lieber etwas gebe, statt sie zu bedrängen – ich wahrscheinlich auch in meinen Geschichten nicht mehr zu predigen versuche, indem ich die Charaktere mal hierhin, mal dorthin dränge und zwinge. Solche Storys sind nie gut.

Nun, unter all den toten Sätzen in ihrem Roman fand ich auch ein paar lebendige und gute. Über diese unterhielt ich mich mit ihr. Ich fragte sie, ob sie eine Kindheitserinnerung aufschreiben könnte: »Versuchen Sie es einfach mal ganz unbeschwert.« Und das hat sie geschrieben; ich habe es etwas gekürzt:

> Carolyn schlüpfte eilig aus ihrem schweren Flanellnachthemd und zitterte, während sie ihre lange Unterwäsche anzog, die etwas klamm war, weil sie die ganze Nacht auf dem Fußboden gelegen hatte. (…)
> Ein hastiges Bürsten ihrer Haare, ein langer Zopf, ungeschickt zusammengepfriemelt mit ihren immer steifer werdenden Fingern, die Suche nach dem Haarband, das wieder einmal verschwunden war. Sie begann mit den Zähnen zu klappern, also band sie sich die Haare mit dem zusammen, was ihr gerade in die Finger kam, sprang in ihren roten Flanellunterrock, der ihr bequem bis unter die Achseln reichte, damit sie schön warm steckte, und dann in ihr schweres Kleid mit dem Schottenmuster. Danach rannte sie unter dem Tumult quietschender Stufen barfuß die Treppe hinunter, um sich in der Küche am Feuer die Schuhe anzuziehen.
> Carolyn war wie immer in Eile, damit sie es rechtzeitig schaffte, nach draußen zu kommen, wo man das morgendliche Läuten der Glocken von St. Joseph's hören konnte. Ihre Mutter, die emsig mit dem Frühstück beschäftigt war, warf einen Blick auf sie, um zu schauen, ob sie auch nichts vergessen hatte, und bemerkte, dass einer ihrer Schnürsenkel fehlte.

»Caroline«, Mutter sagte nie ›Carolyn‹, »wo ist dein Schnürsenkel?«
»Mal wieder in ihrem Haar, Mama.« Die Antwort kam von der gewissenhaften Elizabeth.
»Du gehst sofort wieder nach oben und holst dein Haarband, junge Dame.«
»Aber Ma, es ist zu kalt da oben.«
»Du tust, was ich dir sage. Und vergiss nicht, dich bei dieser Gelegenheit gleich zu waschen.«
Als Carolyn die Bettdecke zurückschlug, um ihr Haarband zu suchen, fiel ihr ein kleines Häufchen Schnee auf dem Bett auf, dort wo er durch die Spalten unter der Dachkante hereingeweht war. Sie wischte den Schnee weg und wünschte, sie hätte ihr Haarband herausgenommen, es ordentlich gefaltet und auf ihren Nachttisch gelegt, so wie Elizabeth das immer machte. Elizabeth musste nie in der Kälte nach ihren Sachen suchen. (…) Endlich war das Band gefunden, festgetreten in der Ritze am Fußende des Bettes. Ein ziemlich trauriger Anblick. (…) Sie wandte sich der Waschschüssel zu. Der Krug hatte einen Sprung, der von oben bis unten ging, und wurde nur durch das gefrorene Wasser, das am Abend vorher noch schön warm gewesen war, zusammengehalten. »Da muss es aber ziemlich kalt sein, wenn das Wasser so gefrieren konnte«, dachte Carolyn.
Wieder lief sie die Treppe hinunter – dieses Mal leise. Sie nahm ihren Mantel und ihre Mütze vom Kleiderhaken am Fuße der Treppe und schlüpfte lautlos zur Tür hinaus. Würde sie es noch rechtzeitig schaffen? Ja, da stand Vater und wartete neben der Scheunentür, und da ertönte es auch schon aus fünf Meilen Entfernung über das gefrorene Land hinweg: »Bong-bing. Bong-bing.« Die beiden lauschten mit gesenkten Köpfen. Klar und laut läuteten die Glocken, so als wären sie gerade neben ihnen. Es war ein wundervoll heller Klang.
»Heute morgen müssen wir mindestens fünfunddreißig Grad unter null haben. Die Glocken sind so laut.«

»Glaubst du, wir werden die Glocken am Schlitten von Vetter Jeff hören, wenn er den Fluss hinaufgefahren kommt, Vater?«

»Normalerweise hören wir sie aus dieser Entfernung nicht, es sei denn, es ist über vierzig Grad unter null. Hör doch mal hin.«

»Da sind sie, da sind sie!« Carolyn klatschte vor Freude in die Hände. »Und sie sind auf dem Fluss, Vater, kannst du sie hören?«

»Heute werden viele Schlitten da langfahren.«

Immer deutlicher wurde der Klang der Schlittenglocken, am vornehmlichsten die großen runden Glocken, die Vetter Jeff an den Kummets über den Rücken seines Gespanns hatte. Vier Stück an jedem Pferd. »Klongelong, klengeleng« läuteten sie samtig über den silbern klingenden Glöckchen, die um die Pferde herum angebracht waren. Lauter und lauter erklangen sie, während sie vom baumgesäumten, zugefrorenen Fluss hinaus auf die offene Weite des Sees fuhren, über den die Farmer das Holz, das sie aus ihren Waldgrundstücken geräumt hatten, zum Markt transportierten. Ladung für Ladung, eine lange Reihe schwerer Schlitten. Die Kutscher, deren schneidende Rufe sich mit dem Klingen der Glocken vermischten, verhießen einen bitterkalten Morgen.

Carolyns Vater wohnte auf der Landzunge, die in den See ragte. Seine zwei Söhne würden sich gleich mit ihrer Fracht der großen Prozession anschließen, wenn diese auf ihrer langen, beschwerlichen Fahrt zum Markt vorbeiziehen würden.

»Vater, wenn es so kalt ist wie heute, findest du dann nicht auch, dass die Schlitten wunderschön singen?«

Sie war sich nicht ganz sicher, ob er sie verstehen würde. Die vorbeiziehenden Schlitten bewirkten irgendetwas in ihr. Am liebsten wollte sie alle ihre Melodien in eine Flasche tun und sie behalten. Carolyn hatte noch nie das Wort »Sinfonie« gehört, aber genau das war es, was sie im Klang der Schlitten an solchen bitterkalten Morgen vernahm.

»Ja, Tochter, ich liebe ihr Lied.«

Carolyn stellte sich etwas näher zu ihm heran und schob ihre kleine, zehnjährige Hand in seine große behandschuhte Pranke. Es war schön, wenn einen jemand verstand. »Klengeleng, klingeling«, so schwoll das helle Lied der Schlitten in all seiner Herrlichkeit an, wie der Klang einer Violine, getragen von der schneidenden Luft, während die Schlitten nun um die Uferbiegung ins Blickfeld hereinschwangen.

»Sie sind schöner als die Glocken von St. Joseph's«, sagte Carolyn. »Ich glaube, so hört es sich im Himmel an.«

»Ja. Vielleicht.«

»Bong, bong«, die Kirchenglocken führten wieder die Schlittensinfonie an.

»Komm, mein Kind, wir stehen hier schon seit einer Stunde. Du erfrierst mir noch. Spring los und mach dich für die Schule fertig. Und vergiss nicht, dich warm anzuziehen, denn die Glocken sagen minus vierzig.«

Man merkt, dass sie sehr gut schreibt, ein bemerkenswertes Gehör hat, mit dem sie wunderbar Töne wahrnehmen und unterscheiden kann, so genau, dass sie wahrscheinlich auch Musik komponieren könnte, wenn sie es versuchen würde. Man merkt außerdem, dass sie mit sehr viel Gefühl und deutlichen Erinnerungen an diesen kalten Wintermorgen schreibt, sodass wir es auch miterleben können und genau wissen, wie es war.

Bei manchen Menschen besteht das wahre Selbst darin, lustig zu sein. Eine heitere, kernige Frau kam in den Kurs. Wollte sie schreiben? – Sie habe es nie versucht, sagte sie unbehaglich und verlegen und versteckte sich hinter ihrem Pelzkragen. Aber sie habe den eigentümlichen Verdacht, dass sie lustig sein könnte.

»Gut! Schreiben Sie etwas. Irgendwas von früher.« Das hier hat sie dann mitgebracht:

Als Mrs. Baker an einem Winterabend an einer dunklen Straßenecke auf die Straßenbahn wartete, wurde ihr ein wenig Angst. Die einzige Person in Sichtweite war eine Frau, die ebenfalls auf eine Bahn zu warten schien. Jedoch schien diese Person Mrs. Baker mehr Aufmerksamkeit zu schenken als den ankommenden Straßenbahnen.

»Oh, warum um alles in der Welt geht diese Frau nicht einfach nach Hause und hört auf, mich anzustarren«, dachte Mrs. Baker nervös. »Seit ich letztes Jahr überfallen wurde, kann ich es nicht ertragen, wenn sich Fremde dafür interessieren, was ich tue, und ich gerate einfach außer mir, wenn ich hastige Schritte hinter mir höre!«

Mrs. Baker zog sich den Kragen hoch über die Ohren. Es war eine kalte Nacht, es blies ein scharfer Wind, und kleine fedrige Schneeflocken segelten hier und da durch die Luft, landeten schließlich auf dem Boden, wo sie sofort schmolzen. Sie beobachtete die Schneeflocken und vergaß die Frau für eine Weile.

Dann erinnerte sich Mrs. Baker wieder an sie, drehte sich mit einem Ruck um und stieß die Fremde, die jetzt dicht hinter ihr stand, fast um. »Ich wünschte, diese Bahn würde endlich kommen, oder diese Frau würde abhauen«, dachte Mrs. Baker. »Nur zu gern würde ich einen Blick auf meine Armbanduhr werfen, aber vielleicht lasse ich das lieber. Sie könnte die Uhr haben wollen. Bis jetzt weiß sie ja noch nicht, dass ich eine habe. Es muss jedenfalls so gegen elf Uhr sein. Wieso diese Straßenecke ausgerechnet jetzt so verlassen ist, verstehe ich nicht. Normalerweise laufen hier viele Leute herum. Ich glaube, ich schlendere mal zur nächsten Ecke. Meine Freundin oder Feindin wird es kaum wagen, mir zu folgen.« Statt zu schlendern, zog Mrs. Baker zügigen Schrittes davon. Auf halber Strecke, vor einigen verlassenen Gebäuden, wurde sie hastiger Schritte hinter sich gewahr.

»Wenn sie nach meiner Handtasche schnappt, werde ich sie ihr einfach überlassen«, entschied sich Mrs. Baker. »Ich könnte heute abend nicht mal mit einem Kaninchen kämpfen, geschweige denn mit dieser entschlossen dreinblickenden Frau. Wenn ich doch nur wüsste, was sie im Schilde führt. Es ist diese Ungewissheit, die mir auf den Geist geht.«

Mrs. Baker öffnete ihre Handtasche, gerade weit genug, um einen Fahrschein herauszufischen, und steckte sich ihn in den Handschuh. »Alles, was ich will, ist endlich in diese Bahn zu kommen, wenn sie hier überhaupt irgendwann noch mal auftauchen sollte«, dachte sie. Sie lief hinüber zu einem Schaufenster und versuchte, ihre Aufmerksamkeit auf eine Schmuckvitrine zu richten. Augenblicklich tat die Frau es ihr nach.

Da bemerkte Mrs. Baker ihre Straßenbahn – sie war nur noch einen Häuserblock entfernt. Sie war ihr so willkommen wie eine Kutsche aus Gold, die geradewegs vom Himmel kam. Tapferkeit machte sich in ihr breit. Sie wirbelte herum und blickte der Fremden direkt ins Gesicht. »Gibt's was?« Die Frau fragte: »Warten Sie auf die Bahn zur Rice Steet?« Mrs. Bakers vorsichtige innere Stimme warnte sie, nicht preiszugeben, wo sie hinwollte, aus Angst verfolgt zu werden. Freilich war sie es leid davonzulaufen und sagte: »Ja, allerdings. Und da ist sie auch schon!«

Sie setzte zu einem Spurt in Richtung Straße an. Die Fremde legte ihre Hand fest auf Mrs. Bakers Arm, um sie zurückzuhalten. »Ich habe die ganze Zeit versucht, den Mut aufzubringen, Sie anzusprechen«, sagte sie. »Wissen Sie, ich habe zwei Fahrscheine abgestempelt. Ich wollte Ihnen einen davon geben.«

Ich schätze, das muss ziemlich lustig sein, denn jetzt, wo ich es lese, fange ich schon wieder an zu schmunzeln. Mir war jedesmal klar, dass ich die Geschichte von Mrs. Baker nicht vortragen und beenden konnte, ohne dass der ganze Kurs lachte.

Es gibt viele lustige Menschen und zu diesen gehörte auch die hübsche, verheiratete junge Frau mit den schönen, klaren, etwas verträumten Augen und ihrer langsamen, gedehnten Art zu sprechen. Sie schaute einen immer so von der Seite an. (Ich habe übrigens den Eindruck, dass lustige Menschen häufig etwas träge sind, langsam und gedehnt sprechen.) Hier sind zwei Beispiele, wie sie ihre Geschichten beginnt:

> »Dieser verdammte Staubsauger«, sagte die alte Emma Judkins, während sie ihn knurrig über den Wohnzimmerteppich stieß, »hat nicht mehr Saugkraft als der Kuss eines Ehemanns.« – »Ich bin die Rose von Scharon und die Lilie des Tals!«* Reverend Ellison erhob sich auf seinen geweihten Gummiabsätzen und legte seine schmalen Hände auf das bestickte Tuch – eine kleine Aufmerksamkeit der Sonnenschein Damengesellschaft der evangelischen Kirche.

Sie hat auch eine Geschichte mit dem Titel »Der Mord im Jagdverein« geschrieben. Hier ist der Anfang:

> Im Restaurant des Kaufhauses wurde gerade das Mittagessen serviert. Gefangen gehalten von einem zum Reißen gespannten Samtseil rempelten sich die kauflustigen Frauen gegenseitig an, schoben ihre Tüten, um ihre Spreizfüße zu entlasten, von einer massigen Hüfte auf die andere, während sich die Hacken ihrer Gummigaloschen unter dem Druck der üppigen Waden in Falten legten. Mit glasigen Augen fixierten die Frauen einen Punkt mitten in der Leere, wo die Vision einer Wolke aus Schlagsahne schwebte.
>
> Es war Mittag, als der Treibjagdverein Nordwest seinen allwöchentlichen Lunch im Pyramidensaal abhielt. An gewöhnlichen Tagen konnte jeder vom Hauptspeisesaal aus ungehindert zwischen den beiden mit Hieroglyphen bemalten Säulen aus

* Gemeint ist wohl *Das Hohelied 2,1* »Ich bin die Narzisse von Saron, die Lilie der Täler!« (A.d.Ü.)

Presspappe, die den breiten Eingang säumten, in den Pyramidensaal hineinschauen. Dienstags allerdings wurde der Saal mit einem Sichtschutz aus hohen Paravents und einem Dickicht aus künstlichen Palmen unzugänglich für die Blicke der Öffentlichkeit gemacht.

Aber selbst jetzt ließ die Empfangsdame die Clubmitglieder unter dem abschätzigen Blick des wartenden Proletariats ein: Mrs. Wheasy, deren drei Töchter Jagdpferde züchteten, um das verringerte Familieneinkommen wieder aufzubessern; Mr. Countryman, der oberste Jagdleiter, welcher auf seinem bescheidenen Landsitz am Stadtrand das Leben eines englischen Gentlemans imitierte; Mrs. Hubbard, deren Angewohnheit, zweimal die Woche auszureiten, genauso war, wie ihr Südstaatenakzent: ein Überbleibsel aus alten Tagen, als sie noch Privatschulen in Missouri besuchte; Roger Hike, Fähnrich der berittenen Einheit der Pfadfinder; Mrs. Olivia O'Hara, deren Hobby die Schnauzerzucht war; Mr. Archibald Feather, kraft seiner heimlichen Vorliebe für hingebungsvolle Gattinnen immer noch Junggeselle; Miss Daphne Reno, die von den Alimenten eines früheren Ehemanns an der Ostküste drei Jagdpferde hielt; Dr. Henry Alway, der bloß ritt, um seinen Bauchumfang unter Kontrolle zu halten – ein absolut vergebliches Unterfangen; Miss Vera Clinkit, eine Privatsekretärin, die ritt, weil sie glaubte, das sei eine »schlaue Entscheidung«, und zu guter Letzt Oberst Boomer*, der Vorstand des Vereins.

Dieser kam angriffslustig an dem eingehängten Seil vorbei hereingestürmt. Die wachgerüttelten Palmen raschelten hinter ihm wie Gras, durch das ein jagender Tiger läuft. Über seiner Bouillon entging ihm nicht, dass das kalte Wetter diesen Rüpel, diesen aufdringlichen Archibald Feather, von nichts abhielt. Er hatte den Kerl schon seit dem Tag, an dem dieser ihm in einer abscheulichen hennafarbenen Jodhpur-Jagdhose ins Visier gekommen war, nicht ausstehen können.

* Welch wundervolle Namen!

> Just in dem Moment rutschte Archibald von seinem Stuhl und seine Ellbogen fielen vom Tisch. Er wurde von einem plötzlichen Zucken erfasst, kippte nach vorn, und sein Kinn landete auf der Tischdecke. Alles, was von ihm zu sehen war, war sein Kopf mit den geschlossenen Augen. Er sah aus wie eine Portion »Johannes der Täufer«. – »Was soll das, Sir?« bellte der Oberst von seinem Tischende herüber.

Und so weiter. Nun, hier kann man sehen, wie witzig die junge Frau ist; witziger kann man kaum schreiben. Sie hat zwei kleine Kinder und einen Mann, hat kaum jemals etwas geschrieben und hält sich noch nicht einmal für besonders begabt. Ich behaupte natürlich das Gegenteil, aber sie wollte mir nicht glauben. Wie so viele talentierte und lustige Menschen kommt es ihr gar nicht in den Sinn, aus reinem Ehrgeiz zu schreiben, oder weil sie etwa die vage Hoffnung hegt, damit Geld zu verdienen. Dazu war sie viel zu nett, dazu fehlte ihr die Eitelkeit und – im Gegensatz zu mir – auch die Überzeugung, dass es durchaus andere Gründe fürs Schreiben gibt. Sie versteht einfach nicht, dass jemand, der so brillant wie sie schreiben kann, das auch pflegen sollte, statt immer nur Deckchen zu häkeln, Kochrezepte auszuprobieren, die Kinder zu ermahnen, den Gatten zu umsorgen, bis zur völligen Aufgabe der eigenen Imaginations- und Schaffenskraft.

Das ist wohl auch der Grund, warum Frauen ihr Leben meistens irgendwie unbefriedigend finden. Sie beschäftigen sich mit nebensächlichen Dingen zugunsten *anderer* – mit Dingen, bei denen sie ihre Begabungen und Fähigkeiten nicht voll nutzen – statt mit etwas, das sie für *sich selbst* tun. Gesellschaft und Ehemänner loben sie dafür, mehr halbherzig und auch nur zum Trost (wenn die Frauen wieder einmal unglücklich sind oder einem Nervenzusammenbruch nahe). Die armen Ehefrauen werden auf diese Weise immer wieder daran erinnert, dass der Grund, warum sie geschätzt werden, der ist, dass sie selbstlos und aufopfernd sind. Das soll nun das Wundervolle an ihnen sein!

Aber die Frauen wissen, dass das nicht stimmt. Es ist eine Sünde, jemanden nur die niederen Arbeiten verrichten zu lassen und ihm jede ehrliche, inbrünstige, schöpferische Tätigkeit vorzuenthalten. Die Frauen spüren, dass man als Dienerin oder Amme für andere gar nichts Gutes tun kann. Man kann vielleicht dazu beitragen, dass sich die anderen körperlich wohler fühlen, aber man kann nicht im Geringsten geistig auf sie einwirken. Um dem Ehemann, den Kindern oder Freunden etwas nahe bringen, sie ermutigen, aufheitern, trösten, belustigen, motivieren oder beraten zu können, muss man selbst etwas zu geben haben. Und wie bekommt man dieses Etwas? – Nur, indem man sich einer Sache, die man liebt und die einem teuer und wichtig ist, mit Ernsthaftigkeit und Grips widmet.

Wenn Sie wollen, dass aus Ihren Kindern einmal Musiker werden, dann müssen Sie sich selbst der Musik verschreiben, ernsthaft und mit all Ihrer Intelligenz. Wenn Sie möchten, dass aus ihnen Gelehrte oder Wissenschaftler werden, dann studieren Sie selbst. Und wenn Sie möchten, dass Ihre Kinder ehrliche Menschen werden, dann seien Sie selbst ehrlich. Und das gilt für alle Lebensbereiche.

Und all den Müttern, die man immer nur von oben herab behandelt hat, die abgespannt in meinen Kurs kamen, weil sie das Schreiben lernen wollten, und die dafür kaum eine Minute entbehren konnten, denen habe ich immer wieder geraten: »Wenn Sie sich wenigstens eine Stunde täglich hinter der Tür Ihres Arbeitszimmers vor Ihren Kindern verschanzen und sagen: ›Mami arbeitet an ihrer Tragödie in fünf Akten und Blankversen!‹, werden Sie erstaunt sein, mit welchem Respekt Sie von Ihrer Familie behandelt werden. Wahrscheinlich werden später aus Ihren Kindern Stückeschreiber.«

Die Frauen schauten mich dann nachdenklich und voller Sehnsucht an und wussten, dass es stimmt. Aber nach all den Jahrhunderten, in denen es üblich war, dass Frauen ausschließlich andere Menschen im Ausleben ihrer Talente ermutigten – und muss man, um so etwas zu tun, nicht selbst ein Menge Talent besitzen? –, statt die eigenen Talente zu entdecken, ist das kein leichtes Unterfangen. Das ist mir schon klar. Aber wenn Frauen lernen, selbstbewusst zu sein und als gutes und strahlendes Vorbild voranzugehen, werden innerhalb einer Generation ihre Kinder zu bemerkenswerten Persönlichkeiten heranwachsen.

Ich habe hier aus Platzgründen nur einige Beispiele ausgewählt. Unmöglich kann Ich Ihnen alle Kurzgeschichten, Dramen und langsam reifenden Romane darbieten, die meine Schülerinnen und Schüler verfasst haben. Aber an diesen wenigen Kostproben derer, die von allen die geringste Erfahrung hatten, können Sie sehen, dass sich Talent keineswegs nur dort zeigt, wo es sich einen Weg in die neuesten Magazine und Bücher gebahnt hat, in die viel diskutierten Broadwayproduktionen, in Zeitungsartikel, Literaturbesprechungen oder nach Hollywood. Talent ist überall.

KAPITEL 11

Mikroskopische Wahrhaftigkeit

Wenn man einmal an den Kern seines wirklichen Selbsts gelangt und diesen sprechen lässt, dann gibt es immer so etwas wie eine Metamorphose, eine Umwälzung in dem, was man schreibt. Ich werde jetzt einen weiteren Weg aufzeigen, wie man das wahrhaftige Selbst in sich entdeckt. Es handelt sich hierbei um etwas, das ich das »Schreiben mit mikroskopischer Wahrhaftigkeit« nenne. Vielleicht haben Sie Lust, diesen Weg auszuprobieren, sofern Sie glauben, dass er für Sie von Nutzen sein könnte.

Zu meinen Schülerinnen gehörte auch eine gewisse Mrs. B. Sie hatte sich schon seit vielen Jahren als Schriftstellerin betätigt, hatte bereits einen Roman geschrieben, den sie allerdings nicht verkauft hatte, sowie jede Menge Erzählungen. Sie hatte wirklich viel geschrieben. Sie war ein sehr interessanter und patenter Mensch, und ich hatte den Eindruck – wenn sie mich mit ihrem strengen, rationalen, entschlossenen Blick durch ihren Kneifer musterte –, dass ich ihr wohl schwerlich würde weiterhelfen können. Sie hatte schon an anderen Schreibseminaren teilgenommen und ihr »Zeug« x-mal redigiert. Auch hatte sie die jüngsten literarischen Entwicklungen in Magazinen und Büchern sorgfältig analysiert, sich dazu Notizen gemacht und ihren Roman wieder und wieder entsprechend dieser Trends überarbeitet.

Über sie hatte ich vor Jahren in einem Brief Folgendes geschrieben:

Mein Kurs hat gerade wieder begonnen. Zaghaft. Alle Altersstufen. Die Leute haben allerdings ein paar sehr gute Sachen abgegeben. Es scheint tatsächlich so, dass der einzig unbegabte Mensch im Kurs eine Mrs. B. ist, die schon Romane und alles mögliche geschrieben hat. Aber es kann sein, dass ich zu hart urteile. Sie möchte »gnadenlose Kritik«, sagt sie. Und sie wird sich nicht eher zufrieden geben, bis ich jede ihrer Arbeiten mit größter Strenge beurteilt habe (was ich aber nicht für einen guten Weg halte). Sie schreibt jedoch so oberflächlich: »Er nahm den Stuhl« etc. Und wenn ich ihr sage, sie solle einen Aspekt in einer Erzählung deutlicher herausarbeiten, will sie von mir wissen, was genau sie an dieser Stelle schreiben soll. Ich sage ihr, dass das ihre Sache sei. Sie macht sich Gedanken über die *Wörter* und nicht über die Geschichte an sich, über das, was passiert ist. Es bringt nichts, wenn man versucht, die Wörter besser, schärfer *klingen* zu lassen. Stattdessen braucht man ein tieferes Verständnis für die *Menschen* und für das, was ihnen widerfahren ist.

Ich bin gespannt, ob das etwas an ihrer Arbeit verändern wird. Ich bin überzeugt, dass dies auch der Grund ist, warum die ganze fiktionale Literatur (mit Ausnahme der wirklich großen Werke) dem Leser so unecht erscheint. »Nancy Flimsy wedelte wie eine Irre mit ihrem Sonnenhut und schwebte hinunter auf den Bootssteg des Yachtclubs!« Selbst berühmte Schriftsteller haben diesen Ton in ihrer Literatur. Galsworthy und all die anderen, wie mir scheint, außer den großen Russen.

Ich bitte Mrs. B. und die anderen Kursteilnehmer, ihre Gedanken darauf zu richten, eine Geschichte zu *erzählen,* statt sie zu schreiben. Wenn man eine Begebenheit schildert, hat man ein instinktives Gespür für das richtige Timing, dafür, an welchen Stellen es wichtig ist, ins Detail zu gehen, und wo es nötig ist, schneller darüber hinwegzugehen. Keine Spur mehr von forcierten Dialogen. Nun, ich höre mich an, als wüsste ich alles darüber, während das nicht unbedingt der Fall ist und ich vielmehr gerade erst selbst damit begonnen habe. Meine eigenen Erzählungen waren weiß Gott nie von großem Wert. Aber ich glaube, dass ich ständig dazulerne. Wenn man schreibt, muss man waghalsig, frei und ehrlich sein. Ehrlichkeit bewahrt einen vor jener Art Waghalsigkeit, die mehr mit Angeberei zu tun hat. (So viele Amerikaner sind Meister darin!)

Über allem, was Mrs. B. schrieb, hing dieser Schleier des Banalen. Es war irgendwie grau, langweilig, konventionell. Ihre Heldinnen hatten ausnahmslos einen Hang zum Fiesen und Sündhaften und passten in das Klischee des »Vamp«. Mrs. B. schrieb vorzugsweise über ziemlich abartige Leute, die in Apartements lebten. Dagegen ist ja auch gar nichts einzuwenden. Wenn Sie über fiese Leute schreiben möchten, um Gottes Willen, dann tun Sie das bitte unbedingt. Die Charaktere von Mrs. B. waren jedoch nicht so recht überzeugend. Es waren Stereotype. Und wie Sie wissen, erwacht ein »Typus« niemals zum Leben, ist nie überzeugend.

Nehmen wir an, Sie wollten einen Yankeefarmer in Ihre Geschichte einbauen und Sie wollen ihn zu einem Yankeefarmer machen, der echter ist als jeder andere Yankeefarmer. Also werden Sie dafür sorgen, dass er aussieht wie Onkel Sam und ihn lauter so ein Zeug wie: »Ja, Sir…« sagen lassen. Mit welchem Ergebnis? – Dass kein Leser den Yankeefarmer für glaubwürdig hält, nicht eine Sekunde lang. Sie sollten also folgendermaßen vorgehen:

Sie erinnern sich, dass Sie einmal einen Yankeefarmer gekannt haben, und versuchen nun, genau diese Figur in Ihrem Buch detailliert darzustellen. Und nun werden Ihre Leser – gerade weil dieser Yankeefarmer eine Glatze hat, glattrasiert ist und einen Anzug trägt – das Gefühl haben, dass sie eine wahre Begebenheit lesen, und sie werden behaupten: »In diesem Buch ist der Prototyp eines Yankeefarmers wundervoll beschrieben!«

Ja, es ist wirklich so: Je mehr Ihnen daran liegt, einen allgemeinen Typus zu beschreiben, desto minutiöser und wahrhaftiger müssen Sie das Einzelexemplar beschreiben. Zweitrangige Künstler und Schriftsteller scheinen sich dessen nie richtig im Klaren zu sein. Aber die wirklich Großen wissen es alle. Deshalb hat van Gogh immer über jene Maler so gestöhnt, die ihr Objekt mit halbem Auge betrachten und dann aus der Erinnerung heraus eine unscharfe Verallgemeinerung dieses Objekts auf der Leinwand abbilden, statt das Objekt und das Abbild wieder und wieder zu studieren und zu zeigen, was sie gesehen haben und was sie mit ihrem gesamten Vermögen an Feinsinn und Wahrhaftigkeit bei dessen Anblick fühlen.

Blake hat geschrieben:

> Die große und goldene Regel der Kunst wie des Lebens ist diese: Je bestimmter, schärfer und fester die umgrenzende Linie ist, desto vollkommener ist das Kunstwerk, und je weniger streng und scharf, um so offenkundiger sind schwache Nachahmung, Plagiieren und Pfuscherei.
> Die großen Erfinder aller Zeiten wussten dies; Protogenes und Apelles erkannten einander an dieser Linie. Raffael und Michelangelo und Albrecht Dürer erkennt man an ihr.*

Das einzigartige und besondere Detail sei die Grundlage des Sublimen, sagte Blake; und über schöne Formen sagte er, Minutiosität mache ihre ganze Schönheit aus.

Nun, ich habe Mrs. B. geraten, mikroskopisch und ehrlich zu schreiben. Ich habe sie gebeten, jemanden zu beschreiben, den sie kennt, und dann beim Schreiben alle seine Ecken und

* William Blake: *Werke*, »Über Malerei«, hg. v. G. Klotz, übers. v. W. Wilhelm, Berlin 1958, S. 371, 373

Kanten herauszuarbeiten. »Versuchen Sie nicht, es gebügelt und schmeichelnd klingen zu lassen, sondern schreiben Sie mit kompromissloser, losgelöster Genauigkeit und Wahrhaftigkeit. Schauen Sie sich den Menschen an, und sagen Sie einfach, was Sie sehen, selbst wenn es sich wie ein Text aus einem Katalog anhört.«

Und genau das hat sie getan; sie hat eine alte Hausangestellte beschrieben – die Form ihrer Oberlippe, die Farbe ihrer grauen falschen Zähne, einfach alles:

> Das erste Mal, als sie sich bei mir vorstellte, um mit mir über die Stelle als Haushaltshilfe zu sprechen, setzte sie sich kerzengerade in einen hohen Lehnstuhl und spießte mich mit ihren schwarzen Augen auf. Ihre breite Oberlippe, über der sich schwach ein Bart andeutete, hing in der Mitte schlaff herunter. Sie war nicht leicht zum Lächeln zu bringen, aber hin und wieder veränderte eine ungewöhnliche Verzerrung ihr fahles Gesicht. Ihr formloser Alltagshut saß stocksteif auf ihrem glatten, weißen Haar. Die unnachgiebige Taille und die exakten Abnäher ihrer Bluse umhüllten ihren schlanken, aufrechten Körper so sicher wie ihr unbesiegbarer Geist ihre erstaunliche Anzahl an Lebensjahren zusammenhielt. In ihren siebenundachtzig spartanisch verbrachten Jahren hatte sie offenbar kein bisschen totes Holz angesammelt, nicht ein Gramm Fettgewebe. (...)
> Obwohl ich mich nie von einem Gefühl der Unzulänglichkeit freimachen konnte, wenn ihr entschlossener Blick auf mich fiel, bemerkte ich mit der Zeit, dass sie mich ein wenig mochte. Sie sagte mir oft, dass sie Männer leiden konnte, aber mit Frauen nicht zurechtkam.
> »Ich werde ein paar Pfefferkuchen backen, falls Sie gute Melasse hier haben«, sagte sie eines Tages. »Männer mögen diese Pfefferkuchen nach altem Rezept.« Zum Glück hatte ich die Sorte Melasse, die sie nahm, im Hause. Und als sie alles beisammen hatte, was sie brauchte, drehte sie sich zu mir um und

sagte: »Jetzt will ich die Küche für mich allein haben. Zünden Sie einfach nur den Backofen an – den Rest schaffe ich allein.« Resolut schloss sie die Tür hinter mir. Nachdem der Geruch von Melasse nun schon seit Stunden das ganze Haus durchzogen hatte, wagte ich mich hinunter in die Küche. Jeder Quadratzentimeter auf den Ablageflächen war dick mit Plätzchen belegt. Sarah stand am Fenster und blickte hinaus. Eine Bewegung ihres Rückens verriet mir, dass mein Erscheinen vorzeitig war. Hastig trat ich den Rückzug an.

Sie war erfreut, als mein Mann ihre Plätzchen lobte. In ihrem großen Eifer, dafür zu sorgen, dass er den Löwenanteil an ihnen erhielt, versteckte sie die Pfefferkuchen vor mir an den abwegigsten Orten.

Es war nie leicht, mit ihr ein Gespräch zu führen. Ich hatte immer den Eindruck, ein Ritter zu sein, der wieder und wieder mit der Fahne in der Hand versucht, den Burgfrieden zu sichern. Sie hingegen war der Wehrturm an meinem Burgtor, aber viele der kleinen Pfeile, die sie aus den schmalen Öffnungen verschoss, fanden auch den Weg zu mir.

Ein hauptsächlich auf einer Farm auf den steinigen Hügeln Vermonts verbrachtes Leben hatte sie schon früh an harte Arbeit gewöhnt. Nun, im fortgeschrittenen Alter, stand sie da – eine kleine einsame Insel, abgeschirmt durch Stolz und Armut, ein nachlassendes Augenlicht und Schwerhörigkeit, unerreichbar vom Leben, das um sie herum pulsierte. Sie verachtete Wohltätigkeit in jeder Form, stand bis zuletzt auf eigenen Beinen und hat es so irgendwie fertiggebracht, dass wir uns ihr gegenüber in der Pflicht sahen.

Das ist sehr gut. – Aber wie kann ich mit solcher Sicherheit (wie ein Literaturkritiker) behaupten, dass es gut ist? Nun, erstens war der ganze Kurs überrascht und zufrieden damit. Während ich es vorlas, hörten alle gebannt und interessiert zu, mit ungeteilter Aufmerksamkeit. Und zweitens hatte am Ende jeder ein klares Bild von der alten Haushälterin im Kopf. Ich selbst weiß, dass ich mich noch zwei Jahre später an dieses Bild genau erinnern konnte. Das alles spricht dafür, dass das Geschriebene gut ist.

Man sieht, wie gut Mrs. B. auf einmal schreiben konnte, weil sie alles Punkt für Punkt wahrheitsgemäß erzählt und dabei ihr wirkliches Selbst entdeckt hat. Außerdem ist da noch etwas Merkwürdiges passiert: eine Veränderung in der Persönlichkeit der Autorin *hinter* den Worten, mit denen die kleine, alte Frau aus Vermont beschrieben wurde. (Diese Persönlichkeit hinter dem Geschriebenen nenne ich die »dritte Dimension«. Sie ist sehr wichtig, und ich werde versuchen, später genauer darauf einzugehen.)

Wenn man ihre Erzählungen über die sündigen Heldinnen in den Apartements lesen würde, ohne Mrs. B. zu kennen, könnte man den Eindruck gewinnen, dass die Autorin ein gewöhnlicher, unbegabter, leicht anstößiger Durchschnittsmensch sei . Bei der Lektüre der neuen Texte würde man nie vermuten, dass es sich um ein und dieselbe Verfasserin handelt. Man würde sich vielmehr eine Autorin vorstellen, die ein sehr zugewandter, zärtlicher und wohlwollender Mensch ist, der alle Dinge mit einem feinen, mitfühlenden Blick betrachtet. Mit anderen Worten: Die früher entstandenen Erzählungen wurden unterschwellig von dem Wunsch diktiert, zu verkaufen, raffiniert und beeindruckend zu sein, und wurden dadurch zu etwas Abgeschmacktem. Als die Autorin jedoch wahrhaftig und unprätentiös schrieb, erschloss sie in sich selbst eine tiefe Quelle der Weisheit, des Talents und des Gefühls.

Und wieder muss ich sagen (bestimmt schon zum hundertsten Mal), dass diese Quelle in jedem Menschen sprudelt und dass sie unerschöpflich ist – unerschöpflich, wenn man über allem nie vergisst, dass das wahre innere Selbst ständig in Bewegung ist, sich dauernd verändert und aus sich selbst heraus immer wieder Neues erschafft. Wenn man aber einmal etwas Gutes und Erfolgreiches schreibt und dann versucht, danach alles genauso gut, das heißt in derselben Manier zu schreiben, dann versiegt diese Quelle.

Und bei einer anderen Frau hatte sich ebenfalls der Schreibstil ganz plötzlich verändert, als ich sie aufforderte, mit mikroskopischer Wahrhaftigkeit zu schreiben. Sie war so um die sechzig, hatte ein lahmes Bein, war ein netter, liebenswürdiger und gutmütiger Mensch. Sie mühte sich sehr, schien aber nie eine wirklich gute und lebendige Geschichte schreiben zu können. Schließlich riet ich ihr: »Beschreiben Sie einfach irgendwas genau so, wie es ist. Denken Sie nicht darüber nach, ob es holprig und linkisch klingt und ob was dabei herauskommt oder nicht. Schauen Sie sich einfach irgendwas an, und bringen Sie das, was Sie sehen, zu Papier. Denken Sie an die Worte von William Blake: ›Regelung macht gerade Wege; aber die krummen ungeregelten Wege sind die Wege des Genius.‹«*

Die Wirklichkeit, das Leben, ist immer verblüffend, verrückt und unvorhersehbar. Aber wenn man diese Wirklichkeit beschreibt, weiß jeder sofort, dass es aus dem Leben gegriffen und nicht erfunden ist. Aber in der landläufigen fiktionalen Literatur, im Film etc. wird alles begradigt, damit es plausibel scheint: Schurken sind böse, Helden glorreich, Heldinnen zauberhaft usw.; kein Mensch, der das liest, glaubt auch nur ein Wort davon.

Auch diese Schülerin tat, worum ich sie gebeten hatte. Sie beschrieb ein altes, baufälliges, trauriges Haus. Und was sie

* William Blake: *Werke*, »Sprichwörter der Hölle«, hg. v. G. Klotz, übers. v. W. Wilhelm, Berlin 1958, S. 275

darüber schrieb, war verblüffend anders als ihre vorherigen Sachen – es war bildlich, lebendig und melancholisch. Sie erwähnte sogar Farben, worauf sie in ihren früheren Arbeiten nie geachtet hatte. Als ich ihr erklärte, wie gelungen der Text sei, erwiderte sie: »Aber er ist so schwermütig! Ich mag nicht so depressives Zeug schreiben.«

In dem Augenblick war mir klar, dass sie ihr Leben lang durch eine *gewollte* Fröhlichkeit – vielleicht wegen ihres lahmen Beines – davon abgehalten worden war, aus ihrem wahren Selbst heraus zu schreiben. »Ich muss fröhlich und optimistisch sein. Ich muss die Dinge immer von ihrer guten Seite betrachten«, sagte sie sich. – Aber doch nicht, wenn man schreibt! Wenn es sich um tatsächlich erlebte Fröhlichkeit handelt, ist das in Ordnung. Aber wenn es *gewollte* Fröhlichkeit ist, bei der man die Dinge immer so beschreibt, wie man glaubt, sie sehen zu *sollen*, wird man damit keinen Leser erreichen, der einem das abnimmt. Kein Mensch wird sich dafür interessieren.

Manche Menschen schreiben sehr gestelzt und benutzen dabei gehäuft Begriffe wie »Kooperation« oder »Koordination«, während ihr Selbst in Wirklichkeit ein heiterer, derber Spaßvogel voller Possen und Spötteleien ist. Wenn sie diesen Spaßvogel in sich schreiben ließen, dann käme etwas Wunderbares heraus dabei. Und wieder andere verstecken sich, wenn sie schreiben, hinter einer aufgesetzten Fassade aus vorlautem, schlüpfrigem Humor, während ihr wahres Selbst weichherzig, sensibel, einsam und herrlich romantisch ist.

Ein junger Mann brachte immer an Ring Lardner erinnernde Stücke mit, die von einem Gus genannten Mann mit Nackenfalte, dessen Frau Edna und deren schroffem bis schrillem Gestreite über Haushaltsgeld und dergleichen handelten. Die Stücke waren voller Rülpser, Zahnstocher usw. Es war nicht besonders lustig, und ich hatte den Verdacht, dass der junge Mann nichts über sich verraten wollte. Ich überredete ihn, sein Selbst schreiben zu lassen: »Versuche nicht, dich in deinen Texten zu verstecken. Ich würde viel lieber wissen, was dich persönlich berührt.« Er sagte, er wolle es versuchen. Dann brachte er eine Episode über einen jungen Mann mit. Dieser wacht nachts aus einem unruhigen, traurigen Traum auf, er glaubt, seine Frau läge neben ihm im Bett. Er beruhigt sich und ist erleichtert. Dann dämmert es ihm: Nein, sie ist nicht da. Da liegt niemand neben ihm im Bett. Sie ist gestorben – vor ein paar Tagen. Das Stück war schön geschrieben, einfühlsam, weichherzig, traurig. Die Beschreibung des Traumes und wie dem Mann alles langsam wieder zu Bewusstsein kommt war perfekt. Sein Wortschatz war ein ganz anderer, er zeigte Eloquenz.

Wie aber findet man sein »wahres Selbst«? – Ja, ich weiß, das ist schwer, denn jeder von uns hat davon eine ganze Reihe und sogar verschiedene. Ich erinnere mich, welch große Schwierigkeiten ich selbst damit hatte, denn auch ich bestehe schließlich aus vielen Menschen. Mal bin ich ein Mann, mal eine Frau, eine Mörderin, Heulsuse, Mutter, mal eine sich zierende Dame, mal ein alter Taugenichts, ein Moralapostel, Dieb, Löwe, Wiesel.

Mein Unterricht würde ins Leere zielen, wenn Sie auf der Suche nach Ihrem »wahren Selbst« nun ständig grübelten und angestrengt, nervös und mit gerunzelter Stirn sich immer wieder fragten: »Schreibe ich jetzt gerade mit größter Aufrichtigkeit …?« Nein, so dürfen Sie nicht vorgehen. Der einzige Weg, der Sie an Ihr wahres Selbst heranführt, ist Unvorsichtigkeit und Freiheit. Wenn Sie sich in einer bestimmten Situation wie ein Mörder vorkommen, dann schreiben Sie bitte wie ein solcher. Tatsächlich ist es so, dass sich Augenblicke der Wut zum Schreiben besonders gut eignen. Es wird brillant – vorausgesetzt, Sie schreiben über das, worüber Sie wütend sind, statt irgendwelchen literarischen Firlefanz von sich zu geben. »Heftige Leidenschaften bringen die wahren, guten und perfekten Töne hervor«, hat Blake gesagt.

Das ist übrigens ein weiterer Grund, warum ich glaube, dass das Schreiben eine gute Sache ist. Menschen, die schreiben, verdrängen nicht mehr ihre dunklen Leidenschaften, sie verschließen davor nicht mehr ihre Augen, sondern beginnen, auch diese Gefühle bewusst zu betrachten, um sie besser zu verstehen. Sie sind sogar froh, dass sie diese Leidenschaften bei sich erkannt haben, weil sie dadurch zum Nachdenken angeregt werden. Es kann durchaus passieren, dass sie gewisse Emotionen – Widerspenstigkeit, Sturheit, Verschwendungssucht –, die andere für schlecht halten, zu denen sie sich aber bekennen, am Ende gar nicht missen und sogar ausleben wollen.

Ich habe alle Werke von Tschechow gelesen. Er ist großartig; und ich finde seine Briefe, sein Leben und das, was die Menschen von ihm in Erinnerung behalten haben, noch großartiger. Um so tröstlicher für uns, Folgendes zu wissen: Wenn Tschechow nicht so viel über Grausamkeit, Unersättlichkeit, Feigheit, Kälte in sich selbst gewusst hätte, dann hätte er darüber niemals so überzeugend schreiben können. Großartige Menschen können fühlen, was in bösen Menschen vor sich geht, sogar viel deutlicher als diese; aber es scheint, als hätten die großen Künstler, die das können, eine Art Himmelfahrt gemacht, sodass diese Gefühle des Bösen – selbst wenn sie diese empathisch nachvollziehen können – ihre Macht über sie verloren haben.

Ganz allmählich lernt man beim Schreiben, freier zu werden und all das zu sagen, was man fühlt und denkt. Gleichzeitig lernt man, sich nichts vorzumachen, sich nicht selbst zu belügen, niemals so zu tun als ob, niemals alles an einer grundsätzlichen Einstellung zu messen. Aber man lernt das nur durch das Schreiben, oder indem man seiner schöpferischen Kraft in anderer Form Ausdruck verleiht. Nur in langer, geduldiger und ernsthafter Arbeit wird man zu seinem wahren Selbst gelangen.

Den Begriff »Kunst« möchte ich in diesem Zusammenhang etwas weiter stecken, als es sonst üblich ist. Der Boxer beispielsweise, der schwer trainiert und all seine Vorstellungskraft und Mühe darauf verwendet, ein besserer Kämpfer zu werden, ist für mich ein Künstler. Die Frau, die sich ein Modejournal ansieht und dabei diese kleinen lustvollen Hüpfer innerer Aufgeregtheit verspürt und denkt: »Ich könnte mir solch einen Umhang für abends zulegen und mal schauen, wie mir Kringellöckchen über der Stirn stehen« und die sich dabei den Umhang und die Locken bildlich vorstellt, wie hübsch sie damit aussähe, und die eine Quelle froher Energie in sich sprudeln fühlt, während sie dabei ist, diese Dinge tatsächlich zu tun, ist für mich auch eine Künstlerin. Selbst der Konditor, der eine neue Torte kreiert.

Warum aber sollten wir uns die Mühe machen, unser wahres Selbst zu finden? – Weil es sich um unsere unsterbliche Seele und um unser vom Heiligen Geist eingehauchtes Leben handelt. Ich jedenfalls glaube das. Und wenn es uns gelingt, unser wahres Selbst zu befreien und anzunehmen, statt es niederzuwalzen, wenn wir ihm Bewegungsfreiheit einräumen und es arbeiten lassen, dann sind wir auf dem Weg, glücklicher zu werden und an uns zu wachsen.

Denken Sie aber immer daran, dass das wahre Selbst nichts Statisches, Unveränderliches ist. Auf der Suche danach gelangt man nie an einen Punkt, an dem man sagen kann: »Prima. Heute habe ich endlich herausgefunden, wie ich wirklich bin: ein toller Typ!« Man wird dergleichen nie sagen können, weil das wahre Selbst immer in Bewegung ist, wie Musik, wie der Lebensfluss, veränderlich, bewegt, scheiternd, leidend, lernend, leuchtend. Deshalb müssen Sie unvorsichtig neue Fehler machen – im Leben wie beim Schreiben. Lassen Sie sich nicht davon zermürben, sondern gehen Sie weiter und schreiben oder tun Sie etwas Neues. Aktiv böse zu sein ist in diesem Sinne besser als passiv gut zu sein, weil letzteres nur Fügsamkeit, Schwäche und Schüchternheit bedeutet.

Und versuchen Sie nicht, auf Beständigkeit zu bauen. Denn was Ihnen heute richtig erscheint, könnte schon morgen nichtig sein, weil Sie eine andere, bessere Wahrheit erkennen.

KAPITEL 12

Kunst ist ansteckend

Ich mag am liebsten die großen russischen Schriftsteller – Tolstoi, Tschechow und Dostojewskij. Ich denke, das liegt daran, dass sie überzeugt zu sein schienen, die Wahrheit sei wichtiger als alle hochtrabenden, gebildeten Wörter, wichtiger als schöngeistige Literatur. Ich mag Texte nicht, bei denen die Verpackung schöner und wichtiger ist als der Inhalt. Vielleicht ist das der Grund, warum sich die Russen so gut übersetzen lassen. Ihnen kommt es vorrangig auf das an, was sie fühlen, sehen und denken. Das wirkliche Leben ist ihnen wichtiger als schöne Literatur.

Die großen Russen waren es, die mich zu der Überzeugung gebracht haben, dass die einzige Art, gut zu schreiben – sodass die Menschen uns Glauben schenken, interessiert und berührt sind – die ist, alle Affektiertheit abzulegen. Das ist viel schwerer, als man denkt, weil der Wunsch, sich als jemand anders auszugeben, subtil und oft auch unbewusst ist.

Ich möchte Ihnen gerne erzählen, was Tschechow dazu gesagt hat. Der Held seiner großartigen Erzählung *Eine langweilige Geschichte* ist ein alter, kranker, desillusionierter, bedeutender Mann, ein Universitätsprofessor. Tschechow lässt ihn Folgendes sagen:

> Ich will damit nicht sagen, dass die französischen Büchlein sowohl begabt wie gescheit und hochgestimmt seien. Auch sie befriedigen mich nicht. Allein sie sind nicht so langweilig wie die russischen, und man findet nicht selten darin das wesentlichste

> Element des Schaffens – das Gefühl für persönliche Freiheit, das den russischen Verfassern fehlt. Ich kann mich an keine einzige Buchneuheit erinnern, darinnen der Verfasser nicht bereits von der ersten Seite an berühmt gewesen wäre, sich selbst in ein Netz aller erdenkbaren Konventionen und Vereinbarungen mit dem eignen Gewissen zu verstricken. Der eine fürchtet sich, vom nackten Körper zu sprechen, der andere hat sich selbst an Händen und Füßen mit psychologischen Analysen gefesselt, der dritte braucht »ein warmes Verhältnis zu den Menschen«, der vierte schmiert mit Absicht ganze Seiten mit Naturbeschreibungen voll, um nicht in den Verdacht zu geraten, dass er irgendeine Tendenz verfolge ... Der eine will in seinen Erzeugnissen unbedingt als Bürger erscheinen, der andere unbedingt als Edelmann, und so weiter. Es gibt da viel Absichtlichkeit, viel Vorsicht, viel Zurückhaltung, allein nirgendwo Freiheit, nirgendwo die Kühnheit, so zu schreiben, wie man will, und mithin fehlt das Element des eigentlichen Schaffens.*

Ja, man muss sich frei fühlen, wenn man schreibt. Man muss das Wirrwarr aus »sollen« und »müssen« auseinander dröseln. Man muss alle Fesseln, Bürden, Verbindlichkeiten und Pflichten ablegen. Im Augenblick geht es ja hier um Ihre ersten Entwürfe. Glauben Sie bloß nicht, Schreiben sei nicht mit Arbeit verbunden. Es kann sein, dass Sie – so wie Tolstoi für *Krieg und Frieden* – elf Jahre für Ihren Roman brauchen, ihn immer wieder redigieren, die Figuren in Ihrer Vorstellung immer schärfer sehen, ihn verfeinern, ihn ehrlicher und die Wörter direkter machen, das Falsche und die Effekthascherei herausnehmen. Und behalten Sie immer im Hinterkopf, dass ein guter Roman oder ein gutes Bühnenstück mit einem Eisberg zu vergleichen ist: Ein Teil davon ist sichtbar, aber ein wesentlich größerer Teil liegt unter der Oberfläche. Ibsen wurde einmal

* Anton Tschechow, *Werke*, Bd. 2, München 1963, S. 141

gefragt, wie er dazu kam, die Heldin in seinem Schauspiel *Ein Puppenheim* Nora zu nennen; er antwortete: »Na ja, in Wirklichkeit hieß sie Eleanora, aber als sie ein kleines Mädchen war, hat es sich irgendwie ergeben, dass man sie Nora nannte.« Sehen Sie, er kannte ihre ganze Lebensgeschichte, wusste alles über sie, von frühester Kindheit an, obwohl in dem Schauspiel nur wenige Stunden ihres Lebens gezeigt werden. Ich *weiß*, dass man sich frei fühlen muss, wenn man in der Schaffensphase ist. Was das spätere Polieren angeht, so mag da jeder unterschiedliche Erfahrungen haben. Jeder sollte das für sich selbst beim Arbeiten herausfinden.

Wenn man schreibt, darf man ein so schlechter Mensch sein, wie man will. Und man darf auch über alles und in jeder Form schreiben, wie man will – sei es ein Sechsakter in Blankversen, eine Tragödie oder eine einfache Kurzgeschichte. Es kommt allein darauf an, ehrlich und wie es einem beliebt zu schreiben, statt zu versuchen, anderen vorzugaukeln, man sei schlauer, als man wirklich ist. Was soll das auch bringen? Man kann ja nicht schlauer sein, als man ist. Wenn man so tut, wird man sofort durchschaut, und jeder merkt, dass man lügt oder prahlt. Und bitte merken Sie sich: Was man schreibt, kann nie großartiger sein als man selbst ist, es kommt aber durchaus vor, dass man seine außerordentliche Begabung und Persönlichkeit hinter einer Wolke aus nichtssagenden Worthülsen verbirgt.

Blockieren Sie sich beim Schreiben nicht mit selbst auferlegten Vorgaben: »Ich muss humorvoller, linksorientierter, mehr wie Ernest Hemingway sein, mehr satirischen Biss haben.« Denn das Gewollte wirkt verkrampft, es verdirbt die ganze Arbeit. Sie wird nicht mehr lebendig sein. Wenn ich in meinem Kurs irgendeinen Text durchlas, konnte ich immer sagen:

»Dieser Abschnitt hier ist einfach wundervoll, das haben Sie wirklich ernst gemeint. An dieser Stelle da ist kein Leben; hier haben Sie wohl versucht zu schreiben, was der Lehrerin gefallen soll. Das ist überflüssig. Zum Teufel mit der Lehrerin! Schreiben Sie immer, was Sie denken.«

Mit anderen Worten, schreiben Sie bitte nicht wie ein Werbetexter. Ich habe schon oft darüber nachgedacht, wie viele Milliarden in unserem Land für Werbung ausgegeben werden. Die Agenturen stellen die intelligentesten, witzigsten jungen Leute ein, damit diese für sie schreiben. Nicht ein einziger Slogan lohnt sich, wiederholt zu werden. Warum? – Weil es nicht wirklich so gemeint war. Nichts davon ist geschrieben worden, weil der Schreiber wirklich etwas gefühlt und dann gesagt hat, sondern weil die Menschen beeindruckt und verführt werden sollten, weil sie von der Güte eines Dings überzeugt werden sollten, auf die der Werbetexter in Wirklichkeit keinen Pfifferling gibt.

Bunyan, ein inhaftierter Baptistenprediger*, kann eine Sache mit einem bestimmten Arrangement von Wörtern beschreiben. John Keats kann dieselbe Sache mit einem ganz anderen Arrangement von Wörtern beschreiben. In beiden Fällen handelt es sich um großartige Literatur, denn jedesmal hat ein außergewöhnlicher Mann diese Dinge gedacht und sie so genau und ehrlich gesagt, wie er sie nur sagen konnte.

Was Tolstoi über das Schreiben sagte, hat mir sehr geholfen.

* Alle Gefangenen sollten schreiben. Es wäre für sie selbst wie auch für uns eine Bereicherung. Einige der größten literarischen Werke wurden von Gefängnisinsassen geschrieben, darunter Sir Walter Raleigh, Bunyan oder Dostojewskij.

Gefangene leiden, denken nach und verbringen ihre Zeit allein. Deshalb haben sie sehr viel zu sagen. Ihr Hunger nach Schöpferischem zeigt sich auch darin, dass es in Gefängnissen eine weitaus größere Nachfrage nach großer Literatur gibt als draußen. Das hat mir eine Bibliothekarin erzählt.

Ich erzähle es Ihnen, weil es auch Ihnen helfen könnte. Alles auf der Welt kann man so ausdrücken, dass ein verständiges siebenjähriges Kind es versteht. Das hatte er einmal gesagt, und ich denke oft daran, weil es mir ein guter Leitfaden und sehr hilfreich ist. (Aber wenn Ihr schöpferischer Funke, Ihr wahres Selbst, Ihnen sagt, Sie müssten ausführlich und komplex schreiben, dann sollten Sie diesem Ruf natürlich folgen.) Ich habe eines von Tolstois Büchern in dieser Hinsicht analysiert und festgestellt, dass er sich selbst an seine Maxime hält. Später, in seinem berühmten Essay mit dem Titel *Was ist Kunst?* (mit dem er die Leute sehr verärgert hat), sagte er Folgendes:

> Durch jedes Kunstwerk tritt der Empfangende in einen gewissen Konnex mit demjenigen, der die Kunst geschaffen hat oder schafft, und mit allen denen, die gleichzeitig mit, vor oder nach ihm denselben künstlerischen Eindruck empfangen oder empfangen werden. (...) Die Tätigkeit der Kunst beruht darauf, dass der Mensch, indem er durch das Ohr oder das Auge den Ausdruck der Gefühle eines Anderen wahrnimmt, diese Gefühle nachzuempfinden vermag.
>
> Das einfachste Beispiel ist folgendes: der eine Mensch lacht und der andere wird mit fröhlich; er weint und der Mensch, der dies Weinen sieht, wird traurig; (...) ein Mensch drückt sein Entzücken aus, seine Ehrfurcht, seinen Schrecken, die Scheu vor gewissen Dingen, Personen, Erscheinungen und auf die anderen Menschen wirkt das ansteckend und sie erfahren dieselben Gefühle. Eben auf dieser Fähigkeit der Menschen, von den Gefühlen anderer angesteckt zu werden, beruht auch die Tätigkeit der Kunst. (...) Die Kunst fängt dann an, wenn ein Mensch, um anderen Menschen das von ihm erfahrene Gefühl mitzuteilen, dasselbe wieder in sich erzeugt und es durch gewisse äußere Zeichen zum Ausdruck bringt. (...) Die verschiedenartigsten Gefühle, sehr starke sowie sehr schwache, sehr

> bedeutende sowie sehr nichtige, sehr gute sowie sehr schlechte bilden den Gegenstand der Kunst, sobald sie nur auf den Zuhörer, den Leser oder Zuschauer ansteckend wirken. (…)
> In sich das einmal empfundene Gefühl wieder hervorrufen und, nachdem man es in sich hervorgerufen hat, es mit Hilfe von Bewegungen, Linien, Farben, Tönen oder in Worten so wiedergeben, dass andere dasselbe Gefühl ebenfalls erfahren – darin besteht die Tätigkeit der Kunst. Die Kunst ist eine Tätigkeit des Menschen, die darin besteht, dass er durch gewisse äußere Zeichen den anderen bewußt die von ihm erfahrenen Gefühle mitteilt, wobei die anderen Menschen von diesen Gefühlen angesteckt werden und sie ebenfalls empfinden.*

Und diese Ansteckung muss *sofort* stattfinden, sonst ist es keine Kunst. Wenn man krampfhaft über den Inhalt eines Bildes oder Buches rätseln muss, und sich *bemühen* muss, es zu mögen, sodass man am Ende sagen kann: »Ja, ich glaube, ich fange tatsächlich an, es zu verstehen und zu sehen, dass es einfach toll ist!«, dann ist es keine Kunst. Obwohl es vielleicht für andere Leute, die es sehen und sofort davon angesteckt sind, Kunst ist. Tolstoi hat ferner geschrieben:

> Und das Ziel der Kunst ist, Dinge fühlbar und verständlich zu machen, die unter der Form eines geistigen Arguments unzugänglich bleiben würden. Der Mensch, der einen wirklich künstlerischen Eindruck empfängt, hat das Gefühl, dass er das, was ihm die Kunst enthüllt, bereits kannte, aber außer Stande war, den Ausdruck dafür zu finden.
> Und so war die Natur der guten und wahren Kunst immer. Die Ilias, die Odyssee, die Geschichten Isaaks, Jakobs und Josephs, die Gesänge der hebräischen Propheten, die Psalmen, die Parabeln des Evangeliums (…) die Lobgesänge des Veda, alle diese Werke drücken sehr erhabene Gefühle aus und sind uns allen

* *Was ist Kunst? Studie von Graf Leo Tolstoj,* Berlin 1898, S. 86–91

doch ebenso verständlich, als sie es vor langen Jahrhunderten Leuten gewesen sind, die noch weniger zivilisiert waren als unsere Bauern. Die Kirchen und die Bilder, die sie enthalten, sind stets allen verständlich gewesen. Das Hindernis für das Verständnis der höchsten Gefühle liegt durchaus nicht in der ungenügenden Entwicklung der Wissenschaft, sondern im Gegenteil in einer falschen Entwicklung und einer falschen Wissenschaft.* Eine gutes und hohes Kunstwerk kann wohl unverständlich sein, doch nicht für den einfachen und noch nicht verrohten Bauern;** diese begreifen alles Höchste; die, für die ein Werk dieser Art unbegreiflich zu bleiben droht, sind die so genannten verfeinerten, das heißt verdorbenen Geister, denen jede ernsthafte Lebensauffassung verloren gegangen ist. Ich kenne zum Beispiel Leute, die sich für sehr zivilisiert halten und welche behaupten, sie begreifen die Poesie des Mitleids, der Selbstverleugnung oder der Keuschheit nicht.

Wenn also die Kunst unserer Zeit für die Masse unbegreiflich ist, so geschieht das nicht, weil sie, wie die Künstler heute so gern behaupten, zu gut ist. Wenn die Kunst der Menge unbegreiflich ist, so geschieht das einfach, weil sie schlechte Kunst ist oder weil sie überhaupt gar keine Kunst ist.***

Wenn ein Kunstwerk gut ist, überträgt sich das vom Künstler ausgedrückte Gefühl von selbst auf die anderen Menschen.

* Blake sagte: »Jesus hat den Anspruch, dass alles auch für ein Kind, einen Armen oder Ungebildeten deutlich wird. Und genau dasselbe gilt auch für das Evangelium. Die ganze Bibel ist von Anfang bis Ende voller Fantasiebilder und Visionen und nicht voller moralischer Tugenden. Diese sind vielmehr die Verzerrung Platons, der Griechen und aller kriegerischen Völker. Die moralischen Tugenden verurteilen unablässig die Sünde und verherrlichen die ewigen Kriege und die Unterwerfung anderer.«

Ich glaube, Blake meint, dass die moralischen Tugenden voraussetzen, sie seien am besten darüber im Bilde, was gut für die Menschen ist, während Jesus mit seiner Liebe und Vorstellungskraft wusste, dass es jedem gestattet sein muss, frei und auf seine Weise zu wachsen.

** Blake: »Wer die Wahrheit bei ihrem Anblick nicht erkennt, ist ihrer Kenntnisnahme nicht wert.«

*** Leo N. Tolstoi, *Gegen die moderne Kunst*, Berlin, 1898, S. 65 f.

> Wenn es sich auf sie überträgt, so empfinden sie es, und alle Erklärungen sind überflüssig. Wenn es sich nicht auf sie überträgt, so kann eine Erklärung nichts dazu beitragen. (...)
> Dennoch gibt es ein sicheres unfehlbares Zeichen, die wahre Kunst von ihren Nachahmungen zu unterscheiden; das ist das, was ich die »künstlerische Ansteckung« nennen will. (...)
> Und nicht allein ist die Macht der Ansteckung das unfehlbare Zeichen der Kunst, sondern auch der Grad dieser Ansteckung ist das einzige Maß der Vortrefflichkeit der Kunst. Je stärker die Ansteckung ist, desto wahrer ist die Kunst, unabhängig von ihrem Inhalt, d. h. von dem Wert der Gefühle, die sie uns übermittelt.*

Große Kunst, sagt Tolstoi, besteht darin, dass ein großer Mensch mit größtem Verständnis für das Leben zu seiner Zeit sagt, was er fühlt. (Tolstoi war solch ein Mensch, obwohl er sich dessen nicht bewusst war.) Dann ist die Ansteckung universell. *Jeder* versteht diese Kunst, und zwar sofort. Ich denke, Blake meinte genau dasselbe, als er Jesus einen Künstler genannt hat.

Aber neben der wirklichen Kunst gibt es sehr viel Kunstimitation, Pseudokunst. Das liegt daran, dass reiche Leute gelangweilt und träge sind und unterhalten werden wollen. Also bezahlen sie Künstler, damit diese sie amüsieren, indem sie Kunst für sie fertigen. Da Kunst aber wirklich gefühlt werden muss und nicht erzwungen werden kann, da sie sich spontan im Inneren des Künstlers sammeln muss, entsteht auf diese Weise gewollte, kopfgesteuerte Pseudokunst. Und *eine* Sorte dieser Pseudokunst ist jene, die einem vorgaukelt, sie sei sehr schwer zu verstehen, subtil und abstrus, sodass nur einige wenige Eingeweihte, ein paar äußerst kulturbeflissene Menschen, sie verstehen könnten.

* Leo N. Tolstoi, *Gegen die moderne Kunst*, Berlin, 1898, S. 89, 108, 110

So erschienen also die Kunstkritiker auf der Bühne, um die Kunst zu erklären. Aber Kritiker, sagt Tolstoi, sind gerade die Leute, die unfähig sind zu erklären, was Kunst ist, weil sie »gelehrte, das heißt verbildete und zugleich von sich selbst überzeugte Individuen sind«. All diese Gelehrsamkeit, dieses Abwägen, Messen, Beurteilen und Vergleichen verdirbt diese kritischen Menschen, macht sie trübe und schwindsüchtig, sodass sie nicht mehr unmittelbar wie ein Kind, ein einfacher Mensch oder ein Poet *fühlen* können.

Und das liegt daran: »Kritiker sind Menschen, die von Hause aus weniger anfällig sind, sich von Kunst anstecken zu lassen, als andere.« Und das zeigt sich, sagt Tolstoi, daran, dass sie versuchen, Kunst zu erklären und zu interpretieren, wobei Kunst ja gar nicht mit Worten gedeutet und erklärt werden kann, weil es sich eben um eine künstlerische Ansteckung handelt.

Tolstoi beschreibt noch eine weitere Art von Pseudokunst. Nehmen wir einmal an, Sie haben sich von einem Buch anstecken lassen. Also sagen Sie: »Diese unglaublich berührenden Dinge – ach, ich glaube, in meinem Buch werde ich auch über sie schreiben.« Aber das geht nicht. Man kann die Menschen nicht mit aus zweiter Hand vermittelten Gefühlen rühren.

Tolstoi schreibt:

> Ich erinnere mich, dass mich vor vierzig Jahren eine seitdem verstorbene Dame, eine vollständig dumme Person, die aber eine sehr hohe Kultur besaß und sich sehr viel »angelernt« hatte, bat, die Vorlesung eines Romans anzuhören, den sie geschrieben hatte. Der Roman begann mit der Beschreibung einer Heldin, die poetisch weiß gekleidet, mit poetisch wallenden Haaren, an einer Quelle in einem poetischen Wald saß und Poesie las.

Die Szene spielte in Russland, und doch erschien plötzlich hinter den Gebüschen der Held, einen Federhut à la Wilhelm Tell (das war in dem Buch ausdrücklich bemerkt) auf dem Kopf und von zwei weißen, nicht minder poetischen Hunden begleitet. Die Dame glaubte hier ein im höchsten Grade poetisches Werk geschaffen zu haben; und in der Tat hätte ihr Werk für das Muster des Genres gelten können, wenn der Held nicht einen Augenblick später eine Unterhaltung mit der Heldin hätte beginnen müssen. Doch sobald der junge Mann mit dem Hut à la Wilhelm Tell mit dem jungen Mädchen im weißen Kleid zu sprechen begann, entdeckte ich klar, dass die Autorin sie hatte nichts sagen lassen, dass sie selbst nichts zu sagen hatte, und sich, von der poetischen Erinnerung an andere Werke bewegt, eingebildet hatte, es würde genügen, Bruchstücke dieser Werke zusammenzunähen, um beim Leser einen künstlerischen Eindruck hervorzurufen. Ein künstlerischer Eindruck wird aber in uns nur hervorgebracht, wenn der Autor in selbsteigener Weise die Gefühle empfunden hat, die er uns übermittelt, nicht aber, wenn er sich darauf beschränkt, uns die Gefühle anderer Menschen zu übermitteln, die diese ihm schon übermittelt hatten. Eine solche Entlehnungsmethode kann uns nicht wie ein Kunstwerk bewegen, sie kann nur ein Kunstwerk simulieren, und auch das kann sie nur bei Leuten, deren künstlerischer Geschmack verdorben ist.*

Als ich das bei Tolstoi las, durchzuckte es mich, denn das schien mir eine großartige Entdeckung. Aber vielleicht hätte es nicht diesen Eindruck bei mir hinterlassen, wenn meine Schüler nicht gewesen wären. Beim Lesen ihrer Arbeiten konnte ich Folgendes feststellen: Immer wenn eine Passage aus dem wahren Selbst gekommen und wirklich empfunden worden war, dann war sie gut, voller Leben und ansteckend, egal, welche Worte gewählt wurden, wie grammatisch unausgereift die Sätze

* Leo N. Tolstoi, *Gegen die moderne Kunst*, Berlin, 1898, S. 71 ff.

oder wie schlecht arrangiert die Satzteile auch waren. Wenn aber der Schreiber die Passage gar nicht empfunden hatte, dann war kein Leben in ihr und beim Leser fand auch keine Ansteckung statt.

Das zeigte mir, wie sinnlos es ist, etwas zu schreiben, was man nicht empfunden hat, oder sich gewollt in erkünstelte Empfindungen hineinzusteigern, weil dergleichen den Leser nicht berührt. Und wie ich meinen Schülerinnen und Schülern gesagt habe: Gefühle sind nicht immer etwas Gewaltiges oder Umwerfendes – »herzzerreißende Schluchzer« oder Ähnliches. Denn Langeweile, Abgespanntheit und Schläfrigkeit sind ebenso Gefühle wie Wut.

Also von jetzt an gilt: Wenn Sie zum Beispiel über einen gelangweilten Menschen schreiben möchten, beschreiben Sie in Ruhe die Gefühle, die Sie selbst hatten, als Sie sich einmal gelangweilt haben. Mehr brauchen Sie gar nicht zu tun. Sagen Sie nicht, die Langeweile sei »tödlich und quälend« gewesen, es sei denn, Ihre eigene Langeweile war es tatsächlich, was allerdings sehr unwahrscheinlich ist. Je feiner Ihre Wahrnehmung der Gefühlslage ist, desto besser wird das, was Sie schreiben. Aber vergessen Sie nicht, dass Ihre spontane, freie Art, etwas auszudrücken, auf jeden Fall besser, echter und wahrhaftiger sein wird als alles Gewollte und Ausgetüftelte.

Das ist alles, was Sie tun müssen, um Ihre Leser anzustecken, sie zu überzeugen, sie dazu zu bringen, Ihre Beschreibung gut zu finden, weil sie echt wirkt.

KAPITEL 13

Die dritte Dimension

Was ich »die dritte Dimension« nenne, hat etwas damit zu tun, warum Sie als Erzähler niemals zum Fürsprecher Ihrer Figuren werden dürfen. Erzählen Sie dem Leser niemals (mit welchen Worten auch immer): »Schau, was für eine faszinierende Heldin sie ist, wie bewundernswert! Und wie tapfer und gut doch der Held!« So etwas wäre ja in Ordnung, wenn es etwas brächte. Aber es bringt nichts, sondern schafft nur ein Problem: Je mehr Sie behaupten, dass Ihre Heldin wundervoll sei, desto mehr werden die Leser das bezweifeln. Sie merken, dass Sie ihnen etwas vormachen wollen, dass Sie selbst von Ihrer Heldin kein klares und deutliches Bild haben, sondern bestrebt sind, Propaganda für sie zu machen. Und je mehr Sie die bewundernswerten Tugenden Ihrer Heldin herausstreichen, desto sicherer bekommt der Leser den faden Beigeschmack, dass der Autor ein selbstgerechter Moralapostel ist.

In *Die Dämonen (Die Teufel)* beschreibt Dostojewskij einen berühmten Schriftsteller, einen der Charaktere des Romans. Dostojewskij erzählt:

> Vor einem Jahr habe ich in einer Zeitschrift einen Artikel von ihm gelesen, der gewaltige Ansprüche darauf erhob, naive Poesie und feine psychologische Beobachtungen zu enthalten. Er schildert darin den Untergang eines Dampfers an der englischen Küste, bei dem er selbst Zeuge gewesen war und gesehen hatte, wie Untergehende gerettet und Ertrunkene herausgezo-

gen wurden. Dieser ganze ziemlich lange und redselige Artikel war einzig und allein in der Absicht geschrieben, den Verfasser selbst in das rechte Licht zu stellen. Man konnte es ordentlich zwischen den Zeilen lesen: »Interessiert euch für meine Persönlichkeit; seht, wie ich mich in diesen Augenblicken benommen habe! Was kümmert euch das Meer, der Sturm, die Felsen, die verbogenen Planken des Schiffs? Ich bin es ja gewesen, der euch das alles in großartigem Stil geschildert hat! Wozu blickt ihr nach dieser ertrunkenen Frau mit dem toten Kind in den toten Armen? Seht lieber mich an, wie ich dieses Schauspiel nicht ertragen konnte und mich von ihm abwandte. Ich drehte ihm den Rücken zu; ich war vor Angst nicht imstande zurückzublicken; ich kniff die Augen zu … nicht wahr, das ist interessant?« Als ich Stepan Trofimowitsch meine Meinung über den Karmasinowschen Artikel mitteilte, stimmte er mir bei.*

Bei vielen meiner eigenen Erzählungen hatte ich das gleiche Problem, besonders bei jenen, in denen ich mich abmühte, etwas wirklich Kunstvolles, etwas Ernsthaftes und Kompromissloses zu schaffen. (Deshalb dürfen Sie nicht krampfhaft *bemüht* sein, wenn Sie aufrichtig und ehrlich schreiben wollen, weil das eben auch eine Art Falschheit ist. Wenn man ehrlich ist, dann ist man einfach ehrlich, aber nicht *bemüht* ehrlich.) In diesen Erzählungen schienen alle Figuren, ausgenommen der Bösewicht, irgendwie ICH selber zu sein; und man hätte das genauso gut so lesen können: »›Ich liebe dich‹, sagte Brenda Ueland zu Brenda Ueland. ›Ich liebe dich auch‹, antwortete Brenda schüchtern, mit einem aufrichtigen Ausdruck auf ihrem schönen, starken Gesicht.«

In Magazinen stößt man häufig auf solche Erzählungen und deren Verfasser müssen nicht unbedingt hoffnungslos arro-

* F. M. Dostojewskij, *Sämtliche Romane und Novellen*, 18. Bd., *Die Teufel*, Bd. 1, Leipzig o. J., S 139f.

gante Esel sein, sondern sind oft sogar ganz nette Menschen. Ich denke, solche Fehler passieren, weil diese Autoren nicht wahrhaftig und objektiv schreiben, sondern weil sie versuchen, ihre Sachen irgendwie rüberzubringen, das heißt ihren Lesern auf unredliche und plumpe Weise zu verkaufen, dass ihre Figuren toll sind. Das ist Propaganda, Werbetexterei, jedenfalls nicht Wahrhaftigkeit.

Nein, zuerst müssen die Charaktere in Ihrer Vorstellung lebendige Geschöpfe sein, und dann erzählen Sie einfach objektiv und präzis, wie sie aussahen und was sie taten. Wenn es tatsächlich faszinierende und bewundernswerte Charaktere waren, dann wird man das herauslesen und Ihnen glauben, was Sie schreiben. Versuchen Sie also immer, wahrhaftig zu schreiben. Wenn Sie sagen wollen, dass Faschismus etwas Schreckliches ist, dann schreiben Sie keinen Roman, um das zu beweisen, denn andernfalls werden die Leser das Gefühl haben: »Das sind keine wirklichen Leute in dem Buch, sondern ein Haufen Typen, die sich unterhalten, weil der Autor beweisen will, dass Faschismus schrecklich ist.« Statt eines Romans wäre ein sachlicher und aufrichtiger Aufsatz viel wirkungsvoller, in dem Sie erklären, warum der Faschismus schrecklich ist. Denn im Genre der fiktionalen Literatur, sagte Tschechow einmal, kann man Fragen aufwerfen (über Armut, Moral oder was auch immer), man muss und sollte sie jedoch nicht unbedingt beantworten. Wenn man in seinem Roman Antworten parat hat, spüren das die Leser. Sie halten den Autor für unredlich, weil er seine Charaktere so hingebogen hat, dass sie ihm als Beweis dienen.

»Aber«, werden Sie jetzt vielleicht einwenden, »die Russen waren doch immer die größten Propagandisten in ihren Romanen, niemand konnte so effektiv Propaganda machen wie sie.«

Darauf würde ich erwidern, dass sie ihre Romanfiguren jedenfalls nicht deshalb in Szene setzten, um an ihnen die eine oder andere Sozialtheorie zu illustrieren. Nein, diese russischen Schriftsteller haben einfach ehrlich, ernsthaft und mit außergewöhnlich scharfsichtigem Blick Menschen und deren Schicksale betrachtet und dann erzählt, was sie gesehen haben. Und ihre Romane, wie die *Auferstehung* oder *Die Brüder Karamasov* oder die Erzählungen von Tschechow, waren großartig und unvergesslich, weil der Leser durchgängig den Eindruck hat: »Diese Menschen gibt es wirklich. Ich werde sie nie vergessen. Und der Autor – dieser großartige, weise, mitfühlende Mann, der weder sich noch andere belügen könnte – sieht das Leben wie es für ihn ist. Er erzählt nicht belehrend oder niederschmetternd wie ein gelernter Pessimist, auch nicht wie ein Satiriker, boshaft und spöttisch, wie das Leben sein sollte – nein, mit jedem Satz erreicht er uns.«

Egal welchen Schrecken und wieviel Elend ein großes literarisches Werk auch beschreiben mag, immer habe ich dieses wunderbare Gefühl der Dankbarkeit und Hoffnung – und wenn ich etwas von Tschechow oder Tolstoi lese, spüre ich diese Dankbarkeit wie einen Kloß im Hals und ich sage mir: Wenigstens hat auf dieser Welt einmal ein so großartiger Mensch wie dieser Schriftsteller gelebt, ein Mensch, zu groß, um ein brillanter Klugschwätzer oder Satiriker zu sein. Und deshalb schätze ich mich glücklich, auch auf dieser Welt zu sein, deshalb glaube ich an Gott und alles, was er erschaffen hat.

Ein durchschnittlicher Autor wird Armut vielleicht beschreiben, indem er viel schrecklichere und noch abstoßendere Einzelheiten beschreibt als Dostojewskij. Man liest das dann mit einem leicht morbiden Interesse und einem latenten Ekelgefühl, aber ansonsten bleibt man unbeeindruckt. Man nähert sich der

Armut nicht mit Klarheit und Liebe, man fühlt weder Besorgnis noch Ärger darüber, dass es solche Dinge gibt, und man geht aus der Lektüre auch nicht mit der Erleuchtung oder Erkenntnis heraus, wie man sich nun ändern oder anders verhalten könnte. »Diesem Schriftsteller«, sagen Sie sich dann, »geht es nicht um die Armut, sondern nur darum, die nackte Realität möglichst drastisch darzustellen. Er benutzt ständig das Wort ›Hure‹, um zu zeigen, wie unverblümt er ist und dass er kein Blatt vor den Mund nimmt.« Da er aber von der Armut nicht wirklich emotional betroffen ist, kann er den Leser auch nicht um diese Gefühle bereichern. Es findet keine Ansteckung statt.

Folgendes hat Tschechow in einem Brief an seinen Bruder geschrieben:

> Du hast nur einen Mangel (...) deine äußerst mangelhafte Erziehung. (...) Gut erzogene Menschen müssen nach meiner Meinung folgende Bedingungen erfüllen:
> Erstens: Sie achten die menschliche Persönlichkeit, und darum sind sie immer nachsichtig, sanft, höflich und nachgiebig. Sie empören sich nicht wegen eines Hammers oder eines verloren gegangenen Radiergummis. Wenn sie mit jemandem zusammen leben, machen sie daraus keine Gefälligkeit, und wenn sie weggehen, sagen sie nicht: »Mit Ihnen kann man nicht leben!« Sie verzeihen auch Lärm und Kälte und angebranntes Fleisch und Heftigkeit und die Anwesenheit von Fremden in ihrer Wohnung.
> Zweitens: Sie sind mitleidig, und das nicht nur zu Bettlern und Katzen. Sie sind seelisch krank auch von dem, was man mit bloßem Auge nicht sieht (...). Sie schlafen des Nachts nicht, um den Polewajews zu helfen, für die studierten Brüder zu zahlen und die Mutter zu bekleiden.
> Drittens: Sie achten das fremde Eigentum, deshalb bezahlen sie ihre Schulden.

Viertens: Sie sind aufrichtig und fürchten die Lüge wie das Feuer. Selbst in Kleinigkeiten lügen sie nicht. Die Lüge ist beleidigend für den Zuhörer und erniedrigt in seinen Augen den Sprechenden. Sie zieren sich nicht, benehmen sich auf der Straße so wie zu Hause und streuen den jüngeren Brüdern keinen Sand in die Augen. Sie sind nicht schwatzhaft und drängen sich mit ihren Freimütigkeiten nicht auf, wenn sie nicht gefragt sind. Aus Respekt vor fremden Ohren schweigen sie meist.

Fünftens: Sie erniedrigen sich nicht zu dem Zweck, bei anderen Mitgefühl hervorzurufen. Sie spielen nicht auf den Saiten fremder Seelen, damit man sich mit ihnen abgeben und um sie besorgt sein soll. Sie sagen nicht: »Man versteht mich nicht« oder »Ich habe mich verzettelt!« (...), weil das alles auf billigen Effekt zielt, abgeschmackt, veraltet und unecht ist.

Sechstens: Sie sind nicht eitel. Falsche Brillanten sowie Bekanntschaften mit Berühmtheiten, Händedrücken des betrunkenen Plewako, das Entzücken eines x-beliebigen im Salon oder das Bekanntsein in Bierstuben interessiert sie nicht. Sie lachen über den Satz: »Ich bin der Vertreter der Presse!« (...) Wenn sie für einen Groschen etwas tun, so machen sie davon nicht für hundert Rubel Aufhebens, und sie prahlen nicht damit, dass man sie dorthin lässt, wohin man andere nicht gelassen hat.*

Liest man diese Worte, weiß man alles über den Schreiber (obwohl Tschechow darin nichts über sich selbst schreibt). Tatsächlich reicht zu solcher Einsicht schon ein Textabschnitt oder ein Satz wie: »Sie sind mitleidig, und das nicht nur zu Bettlern und Katzen. Sie sind seelisch krank auch von dem, was man mit bloßem Auge nicht sieht«. Die Persönlichkeit hinter dem geschriebenen Text ist von entscheidender Bedeutung; ich nenne sie »die dritte Dimension«. Auf dem Papier stehen säuberlich geschriebene Wörter und Sätze. Der Text kann ob-

* Anton Tschechow, *Werke*, Bd. 6, *Briefe*, München 1971, S. 24ff.

jektiven und gänzlich sachlichen Inhalts sein, in dem das Wort »ich« nicht vorkommt; gleichwohl steht hinter diesen Wörtern und Sätzen dieses tiefgründige, wichtige und bewegliche Etwas – die Persönlichkeit des Verfassers. Um was für eine Persönlichkeit es sich auch handeln mag, sie scheint durch den Text durch und wird diesen edel, großartig, rührend oder kalt, geizig und anmaßend erscheinen lassen – entsprechend den charakterlichen Eigenschaften des Schreibers.

Die Worte auf dem Papier können so üppig sein wie die eines Shakespeares; es können gelehrte oder witzige Worte sein. Aber wenn der Autor ein übellauniger, kalter Mensch ist, wird man das in seinem Text erkennen. Und die Wörter und Sätze auf dem Papier können, abgedroschen, ungebildet, allgemein und grammatisch falsch sein: Wenn die Persönlichkeit des Schreibers, die dritte Dimension, etwas Schönes in sich hat, sieht man dieses Schöne durch all die ungeschickten, langweiligen Wörter hindurch, wie durch Glas.

In meinem Kurs saß auch ein einfaches Dienstmädchen. Sie wirkte kränklich und blass, trug eine Brille und hatte schlechte Zähne. Sie entschuldigte sich scheu, dass sie nicht öfter am Unterricht teilnehmen und nicht mehr Geschriebenes abgeben könne, weil die Hausherrin, für die sie arbeite, es nicht schätze, wenn sie abends noch das Haus verließ. Zweimal schickte sie mir mit der Post Texte, die sie mit Bleistift auf kleine Zettel geschrieben hatte.

Hier ist einer dieser Texte:

> BEEILUNG! BEEILUNG!
>
> *von Miss Lee Frisbie*
>
> In der Küche herumrennen, um das Abendessen zuzubereiten, dann servieren, schnippische Blagen bedienen und jede Menge Kleinigkeiten, die bedacht werden müssen. Dann das Geschirr

> – stapelweise Geschirr –, die Küche aufräumen, die Blagen ins Land der Träume befördern und dann denken, wie spät es wohl schon wieder sein mag. Erst neun Uhr, obwohl der harte Arbeitstag eigentlich schon vor einer Stunde hätte vorbei sein sollen. Beeilung! Beeilung! Wo man sich doch schon so beeilt, dass man sich gar nicht noch mehr beeilen könnte. Ich habe das Wort schon so oft gehört, dass es langweilig ist.
> Ich würde schrecklich gerne einmal einen Stadtbummel machen und in einem Tempo herumschlendern, das ich selbst bestimme, und die Worte »Gemächlich, gemächlich!« würden in meinem Ohr klingen, nicht immer nur »Beeilung! Beeilung!« – und auch wenn ich kein Geld zum Ausgeben hätte, würde ich mir einfach die Schaufenster ansehen.

Sie hat einfach hastig ein paar Sätze aufgeschrieben, was ihr gerade auf der Seele brannte, und deshalb kann ich fühlen, was sie fühlt. Ich bin angesteckt. Und wenn wir die Kriterien von Tolstoi zugrunde legen, dann ist das Kunst. Ich jedenfalls bin der Meinung, dass es Kunst ist. Ich finde es sehr schön und wesentlich besser als viele der Erzählungen in den Magazinen, und zwar aus folgenden Gründen: Was dieses Mädchen fühlt, fühle auch ich. Wie ihr Leben aussieht, kann ich mir vorstellen. Von einer solchen Darstellung der Lebensumstände von Dienstpersonal fühle ich mich ganz anders angesprochen und aufgerüttelt, als durch die engagierten und scharf formulierten Artikel von Linken oder die düsteren Studien von Soziologen. Ich gerate in Rage darüber, dass in unserer Gesellschaft geduldige und gutmütige Menschen sechzehn Stunden am Tag für einen Hungerlohn für andere arbeiten und dass jeder denkt, das sei so in Ordnung. Ich bin nicht nur tief betroffen, sondern etwas in mir verändert sich. Von nun an werde ich eine Hausangestellte niemals mehr ausbeuten. Und deshalb bin ich der Überzeugung, dass diese paar Zeilen ein Gedicht sind; es ist

Kunst. Dostojewskij würde das ebenso sehen. Man braucht nur seinen großen Roman *Arme Leute* zu lesen, um das zu erkennen.

Aus diesem Grund bin ich zu der Erkenntnis gelangt, dass der einzige Weg, besser schreiben zu lernen, der ist, ein besserer Mensch zu werden. Damit meine ich nicht ein wohltätiger und überaus gütiger Mensch, sondern ein großartiger Mensch, und diese tun ja häufig Dinge, die ein »guter« Mensch für sehr »schlecht« halten würde. Außerdem finde ich, dass das Leben von Schriftstellern, die ihre ganze Zeit am Schreibtisch verbringen, sich sanftmütig oder aufbrausend alle Störungen, Gefahren oder Unbequemlichkeiten vom Leib halten, damit sie einen besseren literarischen Stil austüfteln können, eine gewisse Ironie in sich birgt.

Tolstoi, Ibsen, Blake, Goethe, Thomas Mann und viele andere Dichter – seien sie nun bekannt oder unbekannt, berühmt oder unbedeutend – sind in erster Linie großartige *Menschen*, und ihnen ist es einfach unmöglich, etwas zu sagen, das unwesentlich wäre – nicht ein einziges Wort. Ihre Werke sind Nebenprodukte großartiger Persönlichkeiten. Und deshalb glaube ich, dass wir alle uns stets schöpferisch betätigen sollten und die Werke, die dabei herauskommen, alsbald wieder vergessen sollten – unseren Blick schon auf die folgende Arbeit gerichtet. Denn nur wenn wir uns eingestehen, wie mittelmäßig oder dürftig unsere künstlerische Arbeit ist, können wir erkennen, wie es um unser seelisches Befinden bestellt ist, und dann können wir aufgrund unserer Vorstellungskraft sehen, wie wir besser sein könnten.

Vor kurzem habe ich mir Tolstois *Auferstehung* noch mal vorgenommen. Diese unglaublichen Russen! Alles, was sie schreiben, ist auf geheimnisvolle Weise autobiographisch und wahr. Aber wenn sie über widerwärtige Leute schreiben, die sie sicher zur Genüge gekannt haben, ist daran nichts Unfeines oder Anstößiges auszumachen, wie das bei anderen Schriftstellern, die die Abgründe menschlichen Lebens beschreiben, der Fall ist. Wie kommt das? Liegt es vielleicht daran, dass sich Tolstoi, Tschechow, Dostojewskij oder Gorki dem wirklichen Leben mit so großer Ernsthaftigkeit, Leidenschaft und Wahrhaftigkeit genähert haben und es sich nie erlaubt hätten, sich selbst zur Schau zu stellen, zu spotten oder zu übertreiben? Wenn man die schlechten Menschen gewissenhaft beschreibt und das weder gemein, höhnisch noch von oben herab tut, wenn man also ein großartiger Mensch ist, werden sogar diese so beschriebenen Menschen dankbar sein. Es würde mich niemals empören, wenn Tschechow mich beschriebe, wie unangenehm seine Beschreibung von mir für mich auch wäre; ich würde eben versuchen, mich zu bessern. Wenn Sinclair Lewis, D. H. Lawrence oder H. L. Mencken dasselbe täten, würde ich sie wegen übler Nachrede auf eine Million Dollar Schadensersatz verklagen.

T. E. Lawrence zum Beispiel schrieb *Die sieben Säulen der Weisheit*, ein geniales Werk, und die Schönheit seiner Sprache ist etwas, was es in der englischsprachigen Literatur schon lange nicht mehr gegeben hatte. Ich glaube, das liegt an der dritten Dimension, der großartigen Persönlichkeit von T. E. Lawrence, die sich dahinter verbirgt. Statt sein Leben im Sitzen zu verbringen und es ausschließlich der Literatur zu widmen, eifrig Sätze zu polieren und seinen Stil zu hegen und zu pflegen, lebte er ein tolles Leben mit einem außergewöhnlichen Maß an Mut, Leid, Ausdauer und Ehre. Darum ist sein Buch besser geschrieben als alles, was die »Literaten« eines ganzen Jahrhunderts zusammengeschrieben haben.

T. E. Lawrence erscheint mir wie ein Engländer aus dem

Zeitalter Elisabeths I., und entsprechend ist sein Schreibstil. Ich vermute nämlich Folgendes: Zur Zeit Elisabeths I., in der Renaissance, galt die Persönlichkeit eines Menschen als das eigentlich Wesentliche, weniger seine Ideen oder sein Werk. Ein Mensch hatte zu sein, was damals *l'uomo universale* hieß, der vollkommene Mensch. Mit anderen Worten: Der Mann der Tat musste auch eine Seele haben, ein sanftes Gemüt, einen verfeinerten ästhetischen Sinn, ein schönes Äußeres sowie lyrische, musikalische und bildnerische Fähigkeiten. Ein Philosoph oder Gelehrter war damals kein trockener Pedant mit viel Sitzfleisch, denn er hatte auch körperlich ansehnlich, athletisch und tapfer zu sein wie ein Soldat. Auch Frauen sollten damals gebildet und schön sein, und nicht nur entweder das eine oder das andere. Ich finde, dass Frauen, um wirklich vollkommen zu sein, zusätzlich noch kräftig und agil sein sollten.

Aber heutzutage neigen wir dazu, über einen Mann zu sagen: »Achten Sie gar nicht auf seine *Persönlichkeit.* Allein seine *Ideen* zählen.« Ich dagegen bin der Ansicht – und das waren auch Sokrates, Michelangelo und viele andere –, dass die Ideen einer kraftlosen und unaufrichtigen Persönlichkeit nichts taugen. Sie sind irgendwie korrupt. Aber viel wichtiger ist: Keiner – und mag er noch so gute Ideen haben – kann damit andere Menschen anstecken, wirklich berühren, entflammen oder verändern, wenn er selbst nicht gut ist.

KAPITEL 14

Führen Sie ein unordentliches, impulsives und ehrliches Tagebuch

Es ist eine Wahrheit, um die wir nicht herumkommen: Was immer Sie schreiben – das heißt, wenn Sie gelernt haben, frei und wahrhaftig zu schreiben –, es wird Ihre Persönlichkeit enthüllen, und wer immer Sie sind, es kommt in dem, was Sie schreiben, an den Tag.

Dasselbe geschieht auch beim Malen. Schon Leonardo da Vinci hat das gesagt: Genauso wie die Seele eines Menschen (beharrlich schöpferisch) seinen Körper gestaltet, genauso wird das von ihm gemalte Porträt sowohl wie er, der Maler, als auch wie sein Modell aussehen. Und Sie brauchen nur ein paar Pastellfarben zu kaufen und damit einen anderen zu malen, um zu entdecken, dass das stimmt.

In meinem Schreibkurs saß auch eine junge Frau mit kräftigem, schwarzem Haar, hellem Teint, klaren, schönen Augen, einem breiten Lächeln, dunkler Stimme und einem herzhaften Baritonlachen. Immer schien es, als wolle sie gleich loslachen. Die junge Frau war geschmackvoll gekleidet und ungestüm wie ein Kosak. Folgendes hat sie in einem ersten Versuch geschrieben:

> Sie saß vorn im Auto neben ihm. »Jeden Sommer, wenn die Schule zu Ende ist«, erzählte sie ihm, »fährt Vater uns zu unserem Ferienhaus am See. – Wie kommt es, dass du am Sand Lake stationiert bist?«, fragte sie.

»Mit dem Inkrafttreten des New Deal«*, erklärte er, »engagierte ich mich im Landschaftsschutz. Und weil ich vorher jahrelang bei der Forstbehörde gearbeitet hatte, bin ich zum Leiter des Camps ernannt worden.«

»Oh, das ist ja toll!«, rief sie voller Bewunderung.

»Erzähl mir mehr von diesem Camp«, bettelte sie. »Was wird denn da sonst noch so gemacht, außer den Routinearbeiten?«

»Ab und zu«, informierte er sie, »gibt es bei uns verschiedene Unterhaltungsprogramme, die von diversen Bürgergruppen gesponsert werden.« Er fügte hinzu: »Demnächst wird ein Camp-Festival mit Tanz stattfinden. Hättest du Lust teilzunehmen?«, fragte er.

Ihre dunklen Augen funkelten begeistert: »Oh, danke, liebend gern!«

Kemp war zufrieden. Er mochte dieses kernige und freimütige junge Mädchen.

Sie befanden sich in der Nähe der Stadt, in der die Cardozos lebten. Er bog scharf in die Straße ein, an der Addies Haus stand. Vor dem Haus hielt er an und half allen, ihr Gepäck aus dem Auto zu holen.

Wieder und wieder bedankte sich die aufgeregte Gruppe bei ihrem Retter. Er erwiderte dies mit einem breiten Lächeln. Seine geraden weißen Zähne leuchteten kontrastreich in seinem sonnengebräunten Gesicht.

Addie wandte sich noch einmal um und winkte zum Abschied, als er davonfuhr. Sie fühlte in ihrem Herzen, dass sie und dieser angenehme Bursche noch viele glückliche Tage miteinander verbringen würden.

»… leuchteten kontrastreich in seinem sonnengebräunten Gesicht.« Ich sagte ihr, dass dies ein guter Satz war. Ich hatte den Eindruck, als hätte sie sein Gesicht wirklich vor sich ge-

* Reformprogramm der Regierung F. D. Roosevelt zur Überwindung der Weltwirtschaftskrise (A.d.Ü.)

sehen, als sie das schrieb. Da sie selbst eine so gesunde Gesichtsfarbe und makellose Zähne hatte, nahm sie diese Details natürlich auch bei anderen Menschen wahr und konnte sie in einem lebendigen Satz beschreiben. Natürlich war mir klar, dass dieser Text nicht dem entsprach, wozu sie tatsächlich in der Lage war. Dazu genügte ein einziger Blick auf sie. Wenn ich sie ansah, wusste ich, dass sie gut schreiben konnte, weil ihre Texte so sein müssten wie sie: fröhlich, schön, herzhaft lachend und mit einem leichten Hang zum Obszönen. Da sie ein sehr lebendiger Mensch war, einen leuchtenden Hautton hatte und auch gerne leuchtende Farben trug, wusste ich, dass sie leuchtende Farben *sehen* konnte und dass diese in den Texten, die sie schreiben würde, glitzern würden – genauso wie ihre Witze und ihre Stilsicherheit.

Als ich den einen oder anderen Satz aus dem oben zitierten Text vorlas, konnte sie kaum ihr Grausen und ihr tiefes Lachen unterdrücken, obwohl sie alles mit großem Ernst geschrieben und versucht hatte, es möglichst gut und sehr literarisch werden zu lassen. Und von heute auf morgen schrieb sie so, wie ich es gewusst und von ihr erwartet hatte: Es wurde plötzlich knallbunt, rüpelhaft und sehr, sehr gut. Sie brachte mehr von ihrem wahren Selbst aufs Papier.

Nun, um dahin zu kommen, dass Sie schreiben, was Sie wirklich fühlen, dass Sie die Wahrheit geradeheraus sagen, sie von allem Verbandmull befreien und alle Schichten von Umsicht, Absichtlichkeit, Lieblichkeit oder aufgesetzter Brutalität* abkratzen, dazu müssen Sie – sofern Sie immer noch nicht wissen, was das bedeutet – einfach noch zwanzig neue Erzählungen

* Die He-Man-Pose ist genauso sehr eine Pose, wie die verzärtelte Feinsinnigkeit. Wir stellen uns den Heuchler immer als jemanden vor, der vorgibt, eine weiße Taube zu sein. Aber es gibt auch Heuchler, die so tun, als seien sie Adler oder Löwen.

schreiben und jeden Tag Ihres Lebens wahrheitsgemäß, unvorsichtig, unordentlich, impulsiv und grundehrlich Tagebuch führen: Dann wissen Sie es. Und wenn die Zeit reif ist, müssen Sie lernen, nicht nur in Briefen und Tagebüchern, sondern auch in fiktiven Erzählungen Ihr wahres Selbst sprechen zu lassen. »Denn eine Lüge in einer Erzählung ist ärger als in einem Gespräch«, sagte einmal Tschechow. Ich möchte kurz erklären, was damit gemeint ist:

Ein Mädchen in meinem Schreibkurs beschrieb einmal einen jungen Mann, ihren Protagonisten, indem sie unter anderem sagte: »Seine Muskeln vibrierten unter seiner Jacke.« Ich drehte mich zu ihr um und sagte: »Haben sie tatsächlich vibriert? In fiktionalen Erzählungen mögen sie vielleicht so vibrieren. Hast du das wirklich gesehen?« Sie sagte sehr ernsthaft: »Ja, das haben sie! Seine Muskeln waren so groß, als würden sie jeden Moment aus den Nähten seiner Jacke platzen!« »Na, dann sag das doch!«, sagte ich. »Prima! Schreib es genau so! Das ist lebendig. Großartig!«

Wenn man in einem fiktiven Text sagt: »Er senkte seinen Kopf vor Scham«, so ist das höchstwahrscheinlich erfunden. Oder auch: »Er packte den Stuhl, bis seine Knöchel weiß hervortraten.« Wenn Sie solche Dinge über eine Figur schreiben, dann sollten Sie sich immer fragen: »Hat er das wirklich gemacht? Habe ich überhaupt schon einmal jemanden so etwas tun sehen?« Und wenn Sie das bestätigen können und wenn Sie in Ihrer Vorstellung sehen, dass die Figur Ihrer Erzählung so etwas tut, dann können Sie es hinschreiben, dann ist es in Ordnung.

Nehmen Sie einmal an, Sie haben eine Geschichte geschrieben und Sie nehmen sie sich noch einige Male vor. Wenn Sie dann vor dieser Geschichte sitzen und sie überarbeiten, um sie eindrucksvoller zu gestalten, dann sollten Sie nicht versuchen, bessere, prägnantere Wörter zu finden. Versuchen Sie stattdessen, die Figuren klarer zu sehen, denn Ihre bildliche Vorstellung von diesen Figuren ist noch nicht klar genug. Schauen Sie sich die Charaktere richtig an: Was genau machen sie, wie sehen sie aus und was fühlen sie? Dann schreiben Sie es auf. Wenn Sie alles deutlich vor Augen haben, dann schreiben Sie auch mit Leichtigkeit.

Aber das Wichtigste ist, die Wirklichkeit zu entdecken. Sie selbst müssen das tun, nicht Ihr verfälschtes, literarisches Selbst, das gute Noten im Aufsatzschreiben bekommen hat. Wenn Sie nicht ein außergewöhnlich scharfsichtiger und introspektiver Mensch sind, ist das eine langwierige Disziplin. Wie Dostojewskij sagte, ist der richtige Weg dorthin folgender: »Belügen Sie sich nie, nie selbst. Belügen Sie andere nicht, aber am wenigsten sich selbst.« »Was ist Ihnen wirklich wichtig, was lieben Sie tatsächlich? Wer sind Sie?« Und zu den schlimmsten Lügen, mit denen sich die Menschen selbst täuschen und sozusagen selbst umbringen, gehört die von der eigenen Minderwertigkeit und Unbegabtheit und der Nichtigkeit dessen, was man eigentlich zu sagen hätte.

Scheuen Sie sich nicht, abgeschmackte und rührselige Geschichten zu schreiben. Durch diese können Sie viel über sich selbst, Ihre Anschauungen und Vorlieben erfahren. Ihnen wird immer klarer, was Sie wirklich fühlen und was Ihnen wichtig ist. Und wenn Sie eine schlechte Story geschrieben haben, schreiben Sie einfach noch drei weitere und machen Sie diese besser. Schauen Sie sich dann die erste noch einmal an. Sicher sind Sie verständiger und ehrlicher geworden und werden nun wissen, was mit dieser ersten Story zu geschehen hat. Und mit Ihnen selbst.

Und deshalb bin ich überzeugt, dass es gut ist, Tagebuch zu führen. Damit meine ich kein »Habe-zu-Mittag-gegessen-Tagebuch«, sondern Folgendes: Schreiben Sie immer oder so oft Sie können auf, was Sie so alles im Laufe eines Tages gedacht, gesehen und gefühlt haben – spontan, schnell, ohne lange nachzudenken und ohne hinterher alles noch einmal zu lesen. Nach einem halben Jahr etwa schauen Sie sich Ihr Werk an. Eine ganze Schublade voller Zettel wird sich inzwischen angesammelt haben und Sie werden gerade dort stilistische Lebendigkeit, Brillanz und Schönheit feststellen, wo Sie beim Schreiben ziemlich schludrig waren oder sich einige Freiheiten herausgenommen haben. Eben weil Sie die Dinge unbekümmert und schnellstmöglich zu Papier bringen, lassen Sie alles aus, was langweilt, was Sie aber ansonsten pflichtbewusst schreiben würden.

Also, bei solcher zugegebenermaßen schlampigen Zettelwirtschaft werden Sie das, was wirklich zu sagen ist, nicht mit überflüssigen Erklärungen zukleistern, so wie man das aus politischen Reden und Zeitungsartikeln aus dem Wirtschaftsteil kennt. Stattdessen werden Sie geradewegs auf den Punkt kommen. Seien Sie also ruhig flegelhaft, etwas überhastet und kurz angebunden. Ach, dieses Übererklären! Das Rätsel aller Langeweile sind die ewigen Erklärungen. Sie müssen sich das etwa so vorstellen: Sie – die Autorin, der Autor – bewegen sich langatmig mit vielen erklärenden Worten voran, während die Leser hinter Ihnen durch den Text waten und ungeduldig rufen: »Ja, ja, schon kapiert! Los, mach voran! Komm endlich auf den Punkt!«

Das Geheimnis allen Interessanten liegt eben darin, als Autor wenigstens so schnell voranzuschreiten, wie das Hirn des Lesers folgen kann. Beide zusammen müssen im gleichen Tempo marschieren. Aus diesem Grund ist es ganz nützlich, sich das, was man geschrieben hat, laut vorzulesen. Sobald Ihr Vortrag an einer Stelle schleppend wird, sollten Sie exakt die Stelle wegstreichen.

Es ist nicht anders, als wenn Sie einem Politiker bei seiner Rede zuhören: »Ja, ja!«, sagen Sie sich voller Ungeduld, während er in seinem Vortrag weiterstampft, »Demokratie – ich weiß, was Sie meinen. Ich habe verstanden. Ich weiß schon, auf welchen Punkt Sie in der nächsten Viertelstunde zusteuern werden; Sie werden dann endlich sagen, dass Demokratie eine tolle Sache ist!« Folglich werden Sie der hämmernden Stimme nicht mehr zuhören, die künstlich mit Eloquenz aufgepumpt ist, weil das Interesse des Redners am Inhalt vorgegaukelt ist. Sie werden an andere Dinge denken, gähnen und wünschen, der Politiker würde endlich zum Schluss kommen.

Wenn Sie aber an einer Rede oder an einem Text wirklich etwas interessiert, dann liegt das daran, dass der Vortrag oder Text in jedem Augenblick etwas hergibt, was Sie mitzieht. Sie erwarten jede Wendung, jede neue Idee mit Dankbarkeit und Neugier, und schon liegt sie vor Ihnen, kurz und bündig. Als ich vor Jahren dem Redaktionsteam eines Magazins angehörte und Artikel schreiben musste, hatte ich immer große Mühe, zehn oder zwölf Seiten zusammenzuschreiben (und war dermaßen gelangweilt! Was für ein Kampf war es jedes Mal, mich darauf zu konzentrieren!), – bloß um hinterher festzustellen, dass ich gerade sehr ausführlich und mehrmals umformuliert und poliert etwas erklärt hatte, was jeder längst wusste. Mit einem Prusten – als ob man einen Sack Kartoffeln geschleppt hätte und ihn nun endlich abstellen kann – hatte ich mich dann selbst gefragt: »Was zum Teufel willst du eigentlich ausdrücken?« – »Dass Frauen zu fett sind«, antwortete mein wahres Selbst wie aus der Pistole geschossen. »Dann schreib das hin!«, sagte ich mir, tat es und es war genau richtig.

Das wahre Selbst kann man auch das Bewusstsein (oder den Heiligen Geist) nennen. Ihr Verstand mag stündlich mit Ihnen im Clinch liegen: »Einerseits, wenn ich ein bisschen hiervon tue, dann wird mir das auf lange Sicht nützen, und man sagt ja, das gehöre sich einfach so, und vielleicht könnte ich ja wirklich ein wenig mehr davon in meinem Leben gebrauchen« und so weiter und so fort.

Aber wenn man sein Bewusstsein schließlich ganz unverblümt fragt: »Was soll ich tun?«, dann kommt prompt: »Geh sofort nach Hause und leg dich ins Bett.« Aber mit »Bewusstsein« meine ich nicht Moral oder Konvention oder die »leise innere Stimme, die einem sagt, dass man beobachtet wird«. Diese Art Bewusstsein sagt einem vielleicht, dass man ein hoffnungslos pflichtunterworfener Bürger ist, der mit seiner Frau leben muss, während einem doch das wahre Bewusstsein sagt, man solle mit einer anderen durchbrennen und dass nur darin Wahrhaftigkeit, Mut und ein erfülltes Leben liegt.

Genauso verhält es sich, wenn Sie Tagebuch führen und dabei so schnell schreiben, als würden Sie Ihre Gedanken aufs Papier speien (es handelt sich hierbei lediglich um ein Hilfsmittel, um sein wahres Selbst zu erkennen; wenn man es gefunden hat und weiß, wie begabt man ist, kann man wieder so langsam schreiben, wie man will).

Wenn Sie nur jene Dinge aufgreifen, die Sie wirklich interessieren, werden Sie von Highlight zu Highlight und über den Morast weitschweifiger Erklärungen und halbherziger Wendungen hinwegspringen. Wann immer Sie sich dabei ertappen, dass Sie eine Seite, einen Satz oder auch nur ein Wort pflichtgemäß oder gelangweilt schreiben: Streichen Sie diese Dinge weg. Irgendetwas stimmt daran nicht, denn es handelt sich um etwas, das Sie an den Haaren herbei- und in den Text hineinziehen mussten, und nicht um die Stimme Ihres wahren Selbst. Wenn es Sie selbst langweilt, was Sie schreiben, wird es auch andere Menschen langweilen. Langeweile wird es den Lesern schwer machen, leicht über den Text zu gleiten, so als würden sich die Schlittenkuven ihrer Aufmerksamkeit in den dreckigen Flecken freiliegender Erde festfahren.

Ich selbst habe jahrelang solch ein ungeordnetes, schludriges und wüstes Tagebuch geführt. Immer wieder mal habe ich was reingeschrieben, manchmal sehr detailliert, minutiös und haargenau wie der Engel, der die guten und bösen Taten der Menschen aufzeichnet. Fürchterliches Zeug (von dem ich gar nicht wusste, dass so etwas zu meiner Persönlichkeit gehörte) offenbart sich da, aber gelegentlich auch ganz beachtliche Dinge. Jedenfalls hat es mir sehr geholfen, in dieser Weise Tagebuch zu führen, denn es hat mir gezeigt, dass Schreiben nichts anderes ist, als auf Papier zu sprechen und zu denken. Je impulsiver und direkter man schreibt, desto näher liegt das Geschriebene den Gedanken, was ja auch so sein soll.

Erst aufgrund dieser Erfahrung begann ich das Schreiben zu mögen, was für mich vorher die langweiligste, mühsamste und aufwendigste Sache der Welt war. Das Tagebuch hat mir immer deutlicher gezeigt, wer ich bin, was ich über Bord werfen und was ich lieben und achten wollte.

Hier folgen nun ein paar Auszüge daraus, damit Sie sehen, dass Texte, die man in fünf, drei oder einer halben Minute schreibt, interessant und ziemlich gut sein können. Ich kann fast so schnell schreiben, wie ich denke. Eine solche Fertigkeit ist nützlich, denn auf diese Weise geht kein Gedanke verloren. Aus meinem Tagebuch habe ich ein paar der interessanteren und klareren Abschnitte ausgewählt. Vieles andere ist nichts als Schlacke: über meine Verdauung, über langen, ermüdenden Seelenzwist (der nun auch mir ermüdend erscheint). Ja, in meinem Tagebuch steht auch viel langweilige Nabelschau. Aber das ist ja das schöne an einem Tagebuch: Man schreibt sich die Dinge von der Seele und wird sie so mit der Zeit los.

Mittwoch, 6. Februar 1936

Universität. Miss N., dieses hübsche, arme, schmuddelige, intellektuelle, dumme Mädchen. Mr. G. und ich können es kaum über uns bringen, sie zu Wort kommen zu lassen. Es klingt so nach Mittelwesten, so wie die Jugend dort spricht… »so was wie, wie so ein Soldat oder so, weißt du, oder so…« Und während sie redet, schlüpfen ihre langen Finger mit den gewölbten, ovalen Nägeln, die einen Zentimeter über die Fingerspitzen hinausragen, in den Halsausschnitt ihres schmierigen, dunkelblauen Reyonkleides hinein und wieder hinaus, hin und her, dabei zieht sie die Schweißblätter ihres Kleides heraus und zerrt an ihrem Unterhemd und fummelt in ihren Achselhöhlen herum. Wenn sie steht, zupft und zieht sie an ihrem Rock, und ihr langer, schwerer Dutt hängt ihr bis tief in den Nacken herunter. Ganz oben auf ihrem Kopf sitzt so ein grütziges Kitschmützchen, das aussieht wie ein Metallkissen, mit dem man beim Spülen Töpfe und Pfannen sauberkratzt. Und dabei hat sie ein so hübsches Gesicht – eine viktorianische Schönheit, makellose Zähne und schöne graue Augen. Dann einen Hängebusen, einen langen Hals und eine Figur, die unter den Rippen langsam breiter wird und dann nach unten immer weiter anschwillt, wie eine Flasche oder ein Stalaktit; dicke Beine, vorne schauen die Zehen aus ihren Vici-Kid-Schuhen mit den hohen Sambaabsätzen heraus; sie kommt den Flur heruntergewatschelt; sie läuft wie eine Robbe – eine Art Galopp, flip flap, ihre weit nach außen gedrehten Füße platschen auf den Boden.

15. März 1935

Gestern habe ich vor dem Abendessen einen Spaziergang gemacht. (Ich muss das jeden Tag tun – laufen, wenn man leer und hungrig ist, nicht als mühsame Turnübung, sondern leicht. Man spürt den Wind in den Nasenlöchern. Das ist immer ein Erlebnis: Man hört ihn richtig, den Märzwind, und hat ein Gefühl des klaren, transparenten, lichtdurchlässigen *Seins.*) Ich hatte in letzter Zeit interessante Diskussionen mit George, Jim und Joe Beach. Sie sind alle gegen mich, was die Frage der Religion angeht. Sie sind alle so froh darüber, Atheisten, Materialisten zu sein. Ein liebes, großzügiges Völkchen, aber ohne Religion – all ihre Leidenschaften sind ein Negativum, ein Minuszeichen (das heißt Empörung über das Schlechte statt Liebe zu dem, was besser ist). Entrüstung über ungerechte Lohntarife, W. R. Hearst, dämliche Politiker, die Tatsache, dass wir dem Ständigen Internationalen Gerichtshof nicht beitreten etc. Und ihr Plus (das, was sie lieben, bewundern und wollen) ist nur Hedonismus, das heißt, für sie besteht ein gutes Leben nur aus Bequemlichkeit, Zuwendung, glücklichen Freunden, vergnügten Kindern und gemütlichen, warmen Liebesstunden mit der Ehefrau … Aber für den religiösen Menschen (und ich wünschte, ich wäre so einer) ist das Plus Pracht und Feuer, der mächtige Wind und seine wilde, sphärische Musik, wie beschrieben von Blake, Scriabin, John Fox, Bach, Shelley, Thomas Moore, Milton, Nietzsche, Tolstoi und all den zahllosen anderen … Nun, ohne Religion sind wir pflichtgesteuerte Kreaturen, wir gehen von einer Sache zur nächsten und versuchen geduldig, sie achtbar zu erledigen. Wir passen gut auf unsere Kinder auf, sind zu jedem freundlich und gerecht, gewinnen gerichtliche Auseinandersetzungen etc. Aber man macht auch nicht *mehr* als das. Die Seele (sagten Platon und andere) sei etwas, das sich selbst zündet – ein erster Schachzug, der nicht von uns gemacht wird. Jene, die Religion hatten (wahre Religion, nicht nur das Orthodoxe), waren leuchtend und tausendmal mehr als nur gut und pflichtbewusst. Na ja, also diskutieren wir … es hat alles angefangen, seit ich Jung lese.

20. Januar 1935
Um sieben Uhr aufgestanden und um halb acht zu Maris Hochzeit durch den dämmrigen, eierschalenfarbenen Schnee gegangen. Wunderschönes Morgenlicht, fast noch finster, die Welt ist so cremeweiß wie Hermelin … Der kleine Kirchturm … über den verschneiten Pfaden. Der dunkle Altar ist von einem zarten Funkeln beleuchtet, dem Flackern der Kerzen … Der Priester mit der Brille und seinem weißen Messgewand aus Satin, die kleinen Jungen – drei an der Zahl – dunkle Kinderschöpfe, die aus gestärktem Weiß und Spitze und Kardinalrot herausschauen. Niederknien, Glocken schlagen, niederknien. Eifrig machen sie Kniebeugen in ihren Gewändern, aber unten schnellen ihre dunklen, klobigen Schuhe unter der Spitze hervor. … Mari und der Bräutigam und noch zwei andere knien die ganze Zeit da vorn. Ein langer, langer Gottesdienst – eine halbe Stunde oder noch länger … Endlich bequemt sich der Priester, die goldene Tür zum Kelch zu öffnen. … Dann kommt eine ganze Reihe Gemeindemitglieder nach vorn – müde, schwerfällige Arbeiter, Lkw-Fahrer in dicken Schichten aus schmutzigen, verschlissenen Jacken. Sie alle schieben sich nach vorn zum Geländer, knien nieder und öffnen einer nach dem anderen wie kleine Vögel ihren Mund, um die Hostie zu empfangen. Ein kleiner Junge folgt dem Priester als Gehilfe und hält unter jede angebotene Hostie einen goldenen Spiegel, damit bloß keine Krümel herunterfallen. … Dann gehen sie alle wieder still und schwerfällig in das Schiff der Kirche zurück, die Gänge hinauf, große, verhornte Hände, grobe, furchige, schwielige Gesichter und große Bäuche (an einem) schieben sich durch die Gänge, rote, geschwollene Hände, sanft vorgehalten zum Gebet. »Wie findest du es?«, frage ich Roy Jones. »Ich muss bei so was immer weinen«, sagt er.

Diese Beschreibung ist gut. Jetzt, wo ich sie lese, bin ich von mir selbst überrascht und stolz auf mich.

Wenn Sie solch ein Tagebuch führen, werden Sie mit sich genauso zufrieden sein – und sogar noch überraschter. Denn alle Menschen sehen und fühlen die Dinge funkelnd, aber die Bilder werden trübe oder gehen verloren, bevor sie aufs Papier gelangen. In meinem Tagebuch spreche ich häufig über das Schreiben an sich.

5. November 1935
Mein Agent hat mir diese eine Erzählung, die er von mir hatte, zurückgeschickt. Ich hatte sie im letzten Winter geschrieben. So eine Selbstherrlichkeit, so eine Entgleisung, solch ein Mangel an wirklicher Auseinandersetzung mit dem Gegenstand, über den man schreibt. … Wenn ich mir den egozentrischen, langweiligen Kram noch mal durchlese, den ich da geschrieben habe, merke ich, dass es eine dümmliche Arbeit ist. Ich werde mir etwas Zeit nehmen, um besser zu werden. Aber dieses Recht auf Nachsicht sollte man sich nicht ewig einräumen. Trotzdem: Es macht alles viel Spaß und hält einen sehr gefangen.

12. Juli 1934
Mir scheint, es ist meine Eitelkeit, die mich zu einer schlechten Schriftstellerin macht, einer, die sich schämt, den Leuten ihre Arbeiten zu zeigen. Beim Schreiben verschleiert die Angeberin in mir meine Klarsicht und Beobachtungsgabe. Es ist dasselbe mit der Musik. Wenn ich das überheblich Egozentrische in mir unterdrücke, fange ich an, die Musik wirklich als gewaltige Flut zu hören und sie zu verstehen. Wenn ich das Gleiche beim Reden mit anderen Menschen tue, dann kann ich sie und das, was sie sagen, viel besser verstehen und viel tiefer in sie hineinblicken. Aber Experiment, Experiment; Theorie, Theorie. Vielleicht erzähle ich auch Unsinn.

18. Dezember 1936

Was ich zu M. in Bezug auf das »bescheidene Talent« gesagt habe, hatte gar nichts mit meiner schlechten Stimmung zu tun, sondern es war die Erkenntnis, dass die Neigung, zu viel von sich selbst zu erwarten, nichts anderes bedeutet, als dass man Angst vor der Arbeit hat, sie nicht genießt, sich zu viel grämt, wenn sie schlecht ist. Es dreht sich dabei auch um diesen ganzen nach innen gekehrten Perfektionismus, unter dem ich auch oft so sehr gelitten habe und weswegen ich meine Sachen überarbeitet habe – viel zu pingelig.

Nun, es ist nicht etwa so, dass ich dächte, es sei schlecht, seine Sachen zu überarbeiten, aber ich denke, man kann zu lange darüber brüten. Und wenn das dermaßen langwierige Überarbeiten deshalb stattfindet, weil man Angst hat, von der Öffentlichkeit für einen Narren gehalten zu werden, dann ist es falsch. Also habe ich zu M. gesagt (und sie hat das nicht verstanden), dass ich mir heute sage: »Vielleicht bist du nicht allzu begabt, aber das, was du an Talent hast, solltest du alles herausbringen. Sei bescheiden und einfach, und arbeite auch dann, wenn dir kein Wort einfällt, das mehr als eine Silbe hat. Gib dein Bestes, und lerne, indem du viel, sehr viel produzierst, auch wenn es Schönheitsfehler hat.«

Genauso ist es, wenn Francesca nicht will, dass wir durch monatelanges Üben das Lied vom Old McDonald bis zur Perfektion einstudieren; stattdessen lässt sie uns *alles* von Beethoven, Bach usw. schlecht, aber voller Enthusiasmus spielen. Denn innerlich kennt jeder dieses unwiderstehliche Streben nach Perfektion – so weit, wie man eben kann. Also ist es unsinnig, an kleinen Details herumzutüfteln, wenn man es aus einer zimperlichen Furcht heraus tut. Zu arbeiten, um näher an das Wahrhaftige zu gelangen, ist in Ordnung. Aber man kommt nur durch Arbeit und ein Gefühl der Unbeschwertheit dahin, die einem selbst innewohnende Perfektion herauszubringen.

Ja, ich bin sicher, dass ich einiges gelernt habe, indem ich Tagebuch geführt habe. Und ich glaube, dass der Lernprozess nicht so fließend vonstatten gegangen wäre, wenn ich nicht täglich die winzigen Erleuchtungen aufgeschrieben hätte.

Also: Wenn Sie schreiben möchten, sollten Sie das mit dem Tagebuch vielleicht mal ausprobieren.

KAPITEL 15

Sie wissen gar nicht, was in Ihnen steckt – eine unerschöpfliche Quelle an Ideen

Ein weiterer Grund, Tagebuch zu führen, ist die Erkenntnis, dass die Ideen in Ihrem Kopf wie eine unerschöpfliche Quelle fließen. »Keine Gespräche und keine Gaben können den Geist je zum Versiegen bringen«, das wusste schon Lavater. So lange der Mensch lebt, kann in ihm dieser sich stets verändernde, fließende Strom aus Ideen nicht zum Versiegen gebracht werden. Wir selbst sehen in uns ja häufig nur einen Bauch mit Armen und Beinen dran und einem Knäuel Nerven im Schädel, aus dem gelegentlich, wenn wir genug geschlafen und heißen Kaffee getrunken haben, die eine oder andere Idee herauszukommen scheint. Um aber vergnügt und mit dem nötigen Selbstvertrauen schreiben zu können, müssen Sie in sich diese endlose Quelle aus Fantasie und Wissen entdecken.

In Platons Dialog *Menon* spricht Sokrates mit dem jungen thrakischen Adligen namens Menon und sie diskutieren darüber, ob es überhaupt möglich ist, jemanden etwas zu lehren. Das heißt: Lernt ein Mensch, den man etwas lehrt, etwas Neues, oder erinnert er sich lediglich an Dinge, die er schon wusste, welche seine Seele also in früheren Stadien des Seins gelernt hat?

Sokrates ruft Menons Diener, ein Kind ohne jegliche Schulbildung, herbei.

SOKRATES: Merke also wohl auf, wie er dir erscheinen wird, ob als erinnerte er sich, oder als lernte er von mir.

MENON: Das will ich tun.

SOKRATES: Sage mir also, Knabe, weißt du wohl, dass ein Viereck eine solche Figur ist?

KNABE: Das weiß ich.

SOKRATES: Gibt es also ein Viereck, welches alle diese Seiten, deren vier sind, gleich hat?

KNABE: Allerdings.

SOKRATES: Hat es nicht auch diese beiden, welche durch die Mitte hindurchgehen, gleich?

KNABE: Ja.

(…)

SOKRATES: Wieviel nun zweimal zwei Fuß sind, das rechne aus und sage es.

KNABE: Vier, o Sokrates.

SOKRATES: Kann es nicht nun einen anderen Raum geben, der das Doppelte von diesem wäre, sonst aber ein ebensolcher, in dem alle Seiten gleich sind wie in diesem?

KNABE: O ja.

SOKRATES: Wieviel Fuß muss der halten?

KNABE: Acht Fuß.

SOKRATES: Gut! Nun versuche auch mir zu sagen, wie groß jede Seite in diesem Viereck sein wird. Nämlich die des ersten ist von zwei Fuß; die aber jenes doppelten?

KNABE: Offenbar, o Sokrates, zweimal so groß.

SOKRATES: Siehst du wohl, Menon, wie ich diesen nichts lehrte, sondern alles nur fragte? Und jetzt glaubt er zu wissen, wie groß die Seite ist, aus der das achtfüßige Viereck entstehen wird. Oder denkst du nicht, dass er es glaubt?

MENON: Allerdings.

SOKRATES: Weiß er es aber wohl?

MENON: Wohl nicht.

SOKRATES: Er glaubt aber doch, es entstehe aus der doppelten?

Menon: Ja.
Sokrates: Sieh nun zu, wie er sich weiter so erinnern wird, wie man sich erinnern muss. – Du aber sage mir (...) Wieviel solche sind nun in diesem?
Knabe: Vier.
Sokrates: Wieviel aber in diesem?
Knabe: Zwei.
Sokrates: Vier aber ist von zwei was doch?
Knabe: Das zweifache.
Sokrates: Wievielfüßig ist also dieses?
Knabe: Achtfüßig.
Sokrates: Von welcher Linie?
Knabe: Von dieser.
Sokrates: Von der, welche aus einem Winkel in den anderen das vierfüßige schneidet?
Knabe: Ja.
Sokrates: Diese nun nennen die Gelehrten die Diagonale; so dass, wenn diese die Diagonale heißt, alsdann aus der Diagonale, wie du behauptest, das zwiefache Viereck entsteht.
Knabe: Allerdings, Sokrates.
Sokrates: Was dünkt dich nun, Menon? Hat dieser irgendeine Vorstellung, die nicht sein war, zur Antwort gegeben?
Menon: Nein, nur seine eignen.
Sokrates: Und doch wusste er es vor kurzem noch nicht, wie wir gestanden?
Menon: Ganz recht.
Sokrates: Es waren aber doch diese Vorstellungen in ihm. Oder nicht?
Menon: Ja.
Sokrates: In dem Nichtwissenden also sind von dem, was er nicht weiß, dennoch richtige Vorstellungen?
Menon: Das zeigt sich.
(...)
Sokrates: Ohne dass ihn also jemand lehrt, sondern nur aus-

fragt, wird er wissen und wird die Erkenntnis nur aus sich selbst hervorgeholt haben.

MENON: Ja.

SOKRATES: Dieses nun, selbst aus sich eine Erkenntnis hervorholen, heißt das nicht sich erinnern?*

Genauso ist es, alles ist schon in uns. In jedem von uns steckt sehr, sehr viel, aber wir haben keine Ahnung davon. Niemand kitzelt es jemals aus uns heraus, es sei denn, wir zählen zu den Glücklichen, die sehr intelligente, fantasievolle und einfühlsame Leute kennen, welche uns lieben und welche die Größe haben, uns zu ermutigen, an uns zu glauben, indem sie uns zuhören, uns loben, uns wertschätzen und über uns lachen. Jeder weiß, wie Menschen, die über uns lachen, uns mit ihrem Lachen zum Leben erwecken, uns dazu bringen, dass uns immer lustigere Dinge einfallen.

Wenn Sie schreiben möchten, müssen Sie sich dieser innerlichen Fülle bewusst werden, an sie glauben und wissen, dass sie vorhanden ist, damit Sie großzügig und voller Selbstvertrauen arbeiten können. Wenn man eine Million auf der Bank hat, aber nichts davon weiß, nützt einem der Reichtum ja auch nichts. Genauso ist es mit der inneren Quelle. Wenn Sie sich dieser erst einmal vergewissert haben, dann vertrauen Sie ihr – und alles wird gut laufen.

Ich habe hin und wieder mit Menschen zusammengearbeitet, die keine Schriftsteller waren. (Merkwürdig war, dass diese Nicht-Schriftsteller desto schlechter schrieben, je gebildeter sie waren. Die einfachen, ungebildeten Leute schafften es immer, etwas Unmittelbarkeit, Poesie und ihre wahren, unverfälschten Gedanken in ihre Darlegungen einzubringen.) Um mich zu unterstützen, versorgten sie mich mit Material, mit

* Platon, »Menon«, in: *Ausgewählte Werke*, Bd. 3, München 1918, S. 30 ff.

ihren niedergeschriebenen Erinnerungen an Präsidenten, Generäle und so weiter. Aber für gewöhnlich war es sehr nüchtern und mager. Etwa so: »Die Frau des großen Staatsmannes, Mrs. K., war eine wunderbare Gastgeberin und unterhielt großzügig all die interessanten Persönlichkeiten, die sich in jenem Jahr in Washington aufhielten.« So ungefähr sah das aus, was ich von meiner Mitarbeiterin erhielt.

»Wie sah sie aus, wie war sie?« fragte ich. Intelligentes, aufgeregtes und amüsiertes Interesse erhellte die Miene meiner Mitarbeiterin plötzlich, und sie platzte redselig und eifrig heraus:

> Sie war gewaltig, faszinierend. Sie ging in die Luft, wenn es auch nur für eine Sekunde langweilig wurde. Sie hatte stark gewölbte, schwarze Augenbrauen und ein rotes Gesicht, wegen ihres hohen Blutdrucks. Sie lief in einem Gummikorsett herum, um ihre Fülle im Zaum zu halten. Sie war großzügig und keineswegs ein Snob, aber was sie nicht mochte, war Eintönigkeit. Da explodierte sie wie ein Dampfkessel. Ihr Mann hielt sich dann immer sehr zurück und schaltete alle Lampen aus. ›Das machst du richtig, Eddie‹, rief sie ihm dann über die Schulter hinweg zu. ›Mach sie nur alle aus. Vielleicht sparst du so ja ein paar Cents.‹ Er hatte Angst vor ihr und war nicht gerne zu Hause.

Sie sehen, wie gut sie hätte schreiben können, wenn sie genau das aufs Papier gebracht hätte.

Und hier kommt noch ein weiterer Grund, warum Ihre leuchtende Fantasie Ihnen nicht davonläuft, wenn Sie sie aufs Papier lassen: Nehmen Sie einmal an, Sie hätten den Auftrag, einen Artikel zu schreiben. Sie finden, Sie sollten ganz am Anfang beginnen – etwa so: »Das holzverarbeitende Gewerbe in Minnesota …« (oder worüber der Artikel auch immer sein mag) – und sich dann an einer Schnur ordentlicher, grammatisch richtiger Sätze entlanghangeln, geradewegs auf das Ende zu.

Tja, und plötzlich haben Sie eine Schreibblockade. Es scheint Ihnen jetzt eine kaum zu bewältigende und daher beängstigende Aufgabe zu sein, vor die Sie da gestellt wurden: diese Unmengen an unzusammenhängenden Informationen in eine dünne Satzkette zu verwandeln. Und weil Sie sich um das, was als Ganzes dabei herauskommen soll, Gedanken machen, blockieren Sie sich entsetzlich. Die vor Ihnen liegende Aufgabe lastet wie Blei auf Ihnen. Gequält und schleppend schreiben Sie den Text. Aber auf diese Weise verlieren oder verwerfen Sie unvermeidlich alles, was an Klarsicht, Inbrunst, Wahrhaftigkeit, Abwechslung und Fülle in Ihren Gedanken ist, zugunsten einer gewissenhaft niedergeschriebenen, trockenen Prosa. Statt so vorzugehen, versuchen Sie es lieber wie in folgender Begebenheit:

Ich war zu Besuch im Hause meiner Schwester in New York. Ihre vierzehnjährige Tochter stand wegen der vielen Partys und Schularbeiten unter Zeitdruck. Was ihr am meisten Sorge bereitete, war ein Aufsatz, den sie zu schreiben hatte. Er sollte über Thoreau gehen. Anscheinend hatte Robert Louis Stevenson gesagt, dass Thoreau, »weil er den abhärtenden Kontakt mit der Welt vermieden hatte«, ein »Drückeberger« gewesen sei. In dem Aufsatz sollten die Kinder nun ausführen, warum sie mit Stevenson einer Meinung waren oder warum nicht. Carlotta bewunderte Thoreau leidenschaftlich. Es machte sie stinksauer, dass Stevenson so etwas gesagt hatte. Und da sie eine Menge Glut und Wut im Bauch hatte, wusste ich, dass es ihr gelingen würde, einen guten, Funken sprühenden Aufsatz zu schreiben. Ich sagte zu ihr: »Komm, wir gehen zusammen nach oben und kriegen deinen Aufsatz innerhalb von zwanzig Minuten fertig. Du bekommst mit Sicherheit eine Eins plus dafür.« Und das habe ich dann niedergeschrieben – getippt auf gelbem Notizpapier. Ich habe jedes einzelne Wort, das sie gesagt hat, aufgezeichnet, sogar ihr Schnauben und ihre »Verdammts«.

R. L. Stevenson hat gesagt: Denn ein Leben, das nicht voller Glut und Freiheit gelebt wird, und das den abhärtenden Kontakt mit der Welt fürchtet, neigt dazu, etwas Unmännliches, fast schon Feiges an sich zu haben. In einem Satz: Thoreau war ein Drückeberger.
ICH: Wer war Thoreau überhaupt? Wieso magst du ihn?
CARLOTTA: Warte mal, wer war er? – Ich mag ihn, weil er originell war und das gemacht hat, was er wollte, und weil er den Mut hatte, es zu tun, egal, was all die anderen ihm geraten haben, und weil er sich nicht von Konventionen abhalten ließ. Ich finde, dass diese Hürdenläufe, die jeder unternimmt, wie eine Herde Schafe, ziemlich wenig bringen und dumm sind.
ICH: Wieso?
CARLOTTA: Na ja, weil ich glaube, dass es noch lange nicht richtig ist, bloß weil jeder es richtig findet.
ICH: Wie kommst du darauf?
CARLOTTA: Ich meine, ich finde, dass die Schafe die Feiglinge sind, und die Außenseiter schaffen das Außergewöhnliche und sollten bewundert werden. Schau dir die Geschichte an.
ICH: Was in der Geschichte? Was meinst du?
CARLOTTA: Nun, Andrew Jackson war mit Sicherheit großartiger als Grant, weil er seiner eigenen Meinung gefolgt ist, während Grant die ganze Zeit darauf bedacht war, anderen zu gefallen.
ICH: Wo hat Thoreau gelebt?
CARLOTTA: In Walden. Wir haben das gerade im Unterricht durchgenommen. Dahin ist er gezogen, um im Wald zu leben. Er baute sich dort ein Häuschen und lebte von praktisch nichts

– ganz wenig Geld – und schaffte es trotzdem, zu überleben. Oh Gott, warte mal ... nun, er war sehr praktisch veranlagt.

ICH: Was meinst du damit?

CARLOTTA: Er baute sein Haus selbst, sorgte selbst für seine Nahrung. Er hatte einen sehr einfachen Speisezettel und hat nur ganz wenig gearbeitet, gerade genug, um von dem Geld leben zu können. Na ja, er hat eben genau das getan, was er wollte. Er arbeitete nur insgesamt sechs Monate im Jahr, immer mal wieder, und nur an Sachen, die ihm Spaß machten.

ICH: Und was waren das für Sachen?

CARLOTTA: Vermessungsarbeiten. Den Rest seiner Zeit verbrachte er damit, spazieren zu gehen und die Natur zu studieren.

ICH: Aber »studieren«? – Das hört sich nach Arbeit an.

CARLOTTA: Oh, er hat das nur zu seinem Vergnügen gemacht, auf jeden Fall, und nicht, um der Menschheit einen Dienst zu erweisen. Es war ihm völlig schnuppe, was andere dachten oder wollten. Tatsächlich war es eher so, dass es ihm sogar Spaß machte, die Leute zu schockieren. In Concord ist er einfach vorbeigeschlendert, während alle in der Kirche saßen, nur um jedem zu zeigen, dass er ein Nichtstuer war und dass es ihn nicht interessierte, was man von ihm hielt.

ICH: Glaubst du, er mochte die Menschen?

CARLOTTA: Nun, ich schätze, er hatte Tiere lieber. Ich glaube nicht, dass er die Menschen hasste, er war eben nur sehr unabhängig. Er fand es einfach unnötig, allen zu helfen. Er fand, es gab schon reichlich davon, auch ohne ihn.

ICH: Wie glaubst du, hat er ausgesehen?

CARLOTTA: Ein gutaussehender Mann, schätze ich.

ICH: War er verheiratet?

CARLOTTA: Niemals verheiratet, keine Verantwortung für niemanden ... er wollte das nicht.

ICH: Wie stand es mit seiner Besorgnis um Dinge wie Sklaverei? Hat ihn so was interessiert?

Carlotta: Ja, das hat es. Er fand es falsch, aber er hat nicht seine ganze Zeit da reingesteckt, um es zu ändern.

Ich: War er gut zu Tieren?

Carlotta: Ja, schrecklich gut, außergewöhnlich. Wenn sich ein Hund oder ein Schwein verlaufen hatte, bemühte er sich tagelang, das Tier wieder zu seinem Besitzer zurückzubringen, damit es nicht verhungern würde.

Ich: Hat er jemals ein Kind bei sich aufgenommen?

Carlotta: Na ja, ich glaube, er hätte das schon gemacht, wenn eins dagewesen wäre. Aber eigentlich war seine Vorstellung, seine Philosophie, die, dass jeder für sich selbst sorgen müsste. Das war genau das, worum sich das ganze drehte.

Ich: Wie wohnte er?

Carlotta: Er schlief unter freiem Himmel, während er sein Haus baute, und danach schlief er drinnen, schön gemütlich, nichts Luxuriöses, nur ein gutes Bett und sonst nichts.

Ich: War er aus Neuengland?

Carlotta: Ja, ich glaube schon.

Ich: Vor ein paar Tagen, als dein Vater aufs Land gefahren ist, habe ich gehört, wie du mit deiner Mutter über Thoreau gesprochen hast. Worum ging es da? Was hast du zu ihr gesagt?

Carlotta: Na ja, Paps wollte übers Wochenende aufs Land fahren, und ich dachte, ich sollte mitfahren, weil es ihm dann mehr Spaß machen würde. Aber eigentlich wollte ich in der Stadt bleiben und ins Kino gehen. Mutter sagte, es sei meine Entscheidung, und da habe ich gesagt: »Nun, ich weiß, was Thoreau getan hätte ... er wäre ins Kino gegangen.«

Ich: Aber ich dachte, Thoreau wäre so versessen aufs Land gewesen.

Carlotta: Ich weiß. Aber er hätte das getan, was für *ihn* richtig gewesen wäre. Das, was er wirklich tun *wollte*, verstehst du? Er wollte nicht seinen Bekannten oder seiner Umgebung genügen, sondern sich *selbst*. ... Ich dachte, Thoreau wäre ins Kino gegangen. Also habe ich genau das getan.

Ich: Jetzt komm noch mal auf das zurück, was Stevenson über ihn gesagt hat. Was bedeutet »männlich«?

Carlotta: Ja gut. Was bedeutet »männlich« und was »feige«? Es bedeutet »ängstlich«, das stimmt. Also nennt Stevenson ihn einen Angsthasen. Aber er kann gar keiner gewesen sein, weil er die Stärke hatte, das zu tun, was er für das Beste hielt. In Wirklichkeit liegt das Gewicht der Feigheit doch in der Waagschale der anderen Menschen. Schau dich doch mal in der Welt um. Dann siehst du, dass alle immerzu nur das tun, was auch alle anderen tun wollen.

Ich: Was hältst du von Selbstlosigkeit?

Carlotta: Na ja, wer hat da schon was davon, wenn man immer das tun will, was andere von einem erwarten, wenn man deshalb schlecht gelaunt ist und sich langweilt? … Selbstlosigkeit ist etwas ganz anderes.

Ich: Was denn?

Carlotta: Hm …

Ich: Ach, ich glaube, wir bleiben lieber bei Thoreau, beim Thema Unabhängigkeit und dem, was man tut, obwohl andere es nicht billigen.

Carlotta: Nun, ich selbst habe noch nie etwas getan, bei dem ich alle Welt gegen mich hatte. Vielleicht schon, aber ich kann mich jedenfalls nicht daran erinnern. Aber Lust hätte ich dazu! Der feigste Mensch, den man sich denken kann … schau dich um und du wirst sehen … ist derjenige, der immer versucht, es allen recht zu machen, und der sich schon unwohl fühlt, wenn auch nur ein einziger Mensch auch nur das Geringste an ihm missbilligt.

Ich: Ich finde, du hast recht. Hm … mal sehen … Stevenson sagt, »ein Leben, das nicht voller Glut und Freiheit gelebt wird«.

Carlotta: Aber es scheint mir gerade das zu sein, was Thoreau getan hat. Er war so glühend und frei. Er folgte immer seinen Impulsen, absolut sorglos. Dieser Mann da weiß doch gar nicht, wovon er redet, wenn er sagt, »ein Leben, das nicht voller Glut und Freiheit gelebt wird«.

Ich: Und was ist hiermit: »das den abhärtenden Kontakt mit der Welt fürchtet«?

Carlotta: Die Sache ist ja so, dass sein Leben in Walden lediglich eine Art Experiment war und dass er von der Welt bis dahin schon eine ganze Menge gekostet hatte.

Ich: Wo hatte er vorher gearbeitet?

Carlotta: Nun, er hatte für seine Eltern gearbeitet. Die hatten eine Bleistiftfabrik. Und hin und wieder, wenn es der Bleistiftfabrik schlecht ging, arbeitete er dort und brachte den Laden wieder aus dem Schlamassel heraus. Er führte die Fabrik für seine Familie, damit es ihr wieder so gut ging, dass sie allein weitermachen konnte. Na, jedenfalls war er für ein erfolgreiches, ein so genanntes erfolgreiches Leben genauso geeignet wie jeder andere Mann. Er war praktisch veranlagt und hatte was im Kopf. Es ging also überhaupt nicht um eine Flucht, sondern es war eine Entscheidung. Das, was ihm am besten gefiel, war das Richtige. Und genau das tat er.

Ich: Er schien keine große Angst vor der Einsamkeit zu haben. Was fällt dir dazu ein?

Carlotta: Sag mal, das ist ja eine tolle Idee! Das tun wir da unbedingt noch mit rein! Denn das, wovor die meisten Leute die größte, die allergrößte Angst haben, ist die Einsamkeit. Nimm die Mädchen, die ich kenne, egal wen – alle müssen sich immer irgendwem aufdrängen und sich jeder warmen, freundlichen Horde anschließen. Weil es für die meisten nichts Schrecklicheres gibt, als über einen gewissen Zeitraum allein zu sein. … Also war er mit Sicherheit kein Drückeberger … sondern ein tapferer Mann, der einfach entschlossen war, das zu tun, was er für richtig erachtete. Er war niemandes Sklave. … Ich schätze, das war alles. … Nein, warte mal, ich habe noch was vergessen – er schrieb, nachdem er aus dem Wald zurückgekehrt war.

Ich: Was hat er denn geschrieben?

Carlotta: Na ja, er hat mehrere Bücher geschrieben. Keine sehr berühmten Bücher. Aber er schrieb. Es ist nicht so, als hätte er überhaupt nicht gearbeitet. … Er aß auch sehr ungesundes Zeug, aber das hat ihn nie gestört.

Ich: Was für Zeug?

Carlotta: Nun, jede Menge Brot, aber ansonsten nicht viel. Er sagte, er hätte nie das Bedürfnis nach Fleisch oder einem teuren Sortiment an Gemüsen gehabt. Zum Kuckuck, das reicht. Damit dürfte jeder ausreichend informiert sein.

Carlotta nahm die fünf Seiten mit ihren eigenen Antworten, die ich mitgeschrieben hatte. Sie kürzte ein paar Stellen, fügte hier und dort noch etwas hinzu, stellte vieles noch ein wenig um. Zu vage und allgemeine Wörter ersetzte sie durch treffendere und eindeutigere. Wo immer ein Gedanke unausgereift und unbeholfen ausgedrückt war, war es leicht, ihn beim Überarbeiten klarer zu fassen und weiter auszuführen. Aber überraschend viele von den ursprünglich mündlichen Formulierungen waren genau richtig. Die spontanen Äußerungen waren geradewegs auf den Punkt gekommen und an ihnen gab es nichts weiter zu verbessern.

Die Rohfassung zu redigieren brauchte etwa eine Stunde und das war keine stumpfsinnige Arbeit für sie, sondern etwas, was ihr Spaß machte. Was sie über Thoreau nun geschrieben hatte, war lebendig. Es war interessant, weil sie einfach nur das gesagt hatte, was ihr durch den Kopf gegangen war, auch wenn ich ihr mit meinen kurzen Fragestellungen geholfen hatte, ihre Gedanken spontan zu äußern. Sie bekam für den Aufsatz eine Eins plus.

Wenn Sie also einen Artikel schreiben, dann versuchen Sie doch einmal, in dieser Weise vorzugehen. Machen Sie sich keine Gedanken über das Ganze. Schreiben Sie einfach auf, was Ihnen gerade einfällt, immer den Gedanken, der im Augenblick präsent ist. Auch wenn Sie es nicht so recht glauben wollen: Spontane Gedanken sind viel zusammenhängender und geordneter, als man allgemein annimmt.

Und noch etwas: Wer weiß schon, ob er ein großartiger oder begabter Mensch ist? – Niemand. Wir wissen ja nicht einmal, wer wir sind oder wie unser Leben im Ganzen aussieht.

Ich kenne eine Frau, die saß Tag für Tag in einem stillen Kämmerlein in ihrem Haus und schaute auf den zugefrorenen See hinaus. Sie schrieb gewissenhaft alles auf, was sie so dachte und was ihr widerfuhr, was ihre kleine Tochter oder ihr Mann gesagt hatten und die kleinen Begebenheiten ihres gemeinsamen Lebens. Sie tippte alles auf gelbes Notizpapier und sammelte die Blätter – ein ständig wachsender Stapel – in einer Schublade. Fast ein Jahr lang ließ sie alles drin liegen, ohne es nochmals zu lesen. Während der ganzen Zeit, die sie am Fenster saß, schrieb und auf den See schaute, hielt sie sich selber für eine nette Frau mittleren Alters, deren Leben ruhig, normal, bequem, aber doch recht uninteressant war. Aber als sie ein Jahr später las, was sie da geschrieben hatte – nachdem es sozusagen schon kalt war und sich von ihrem Selbst gelöst hatte, wie etwas, das ein Fremder geschrieben hatte –, war sie erstaunt. Zunächst einmal konnte sie gar nicht fassen, wie gut es geschrieben war!

»Jawohl, es ist richtig gut – überraschend, beachtlich!«, schrieb sie mir. Weißt du, ich könnte daraus einen Roman machen, den ich dann ›Ein Jahr‹ nennen würde. Aber er enthielte mein ganzes Leben. Meine gesamte Existenz ist auf den Seiten zusammengefasst. Und ich stelle fest, dass ich alles andere als ein ruhiges, beschauliches, gewöhnliches Dasein friste, sondern ein wirklich großartiges, außerordentliches, wundervolles Leben führe. … Und das Bild, das man in dieser Beschreibung von meinem kleinen Mädchen bekommt, sticht heraus, wie ein Gemälde von Goya.«

Da kann man mal sehen: Das, was sie geschrieben hatte, entsprach mehr der Wirklichkeit als ihre eigene Sicht von sich selbst. *Ich* wusste, was für ein leidenschaftlicher, wundervoller Mensch sie war, auch wenn es ihr selbst nicht möglich war, sich so zu sehen. Van Gogh hat geschrieben:

> Wer wird auf dem Gebiet des Figürlichen das sein, was Claude Monet in der Landschaftsmalerei ist. … Ich würde mich von Herzen freuen, wenn ein Guy de Maupassant der Malerei daherkäme und leichtherzig die schönen Menschen und Dinge hier malen würde. … Aber dieser Maler, der muss erst noch kommen – ich kann mir nicht vorstellen, dass er in kleinen Cafés lebt und mit einem Mund voller falscher Zähne vor sich hinarbeitet, so wie ich das tue.

Tschechow wusste nicht, dass er ein großer Schriftsteller war. Oder vielleicht sollte ich es so ausdrücken: Van Gogh, Tschechow und alle großen Menschen wussten in ihrem Inneren, dass es mit ihnen etwas Besonderes auf sich hatte. Sie waren überzeugt von ihrer Bedeutung, von der Lebenskraft, dem Feuer, dem Göttlichen ihres inneren Wesens. Aber sie waren nie sicher, ob *andere* das wahrnehmen oder anerkennen würden. Aber das ist genau der Punkt, denn eigentlich ist jeder davon überzeugt, seinem Wesen nach bedeutend zu sein, dieses Feuer und Göttliche in sich zu haben.

Tragisch ist eben, dass die meisten Menschen ihr Feuer ersticken, weil sie nicht daran glauben und festhalten oder stattdessen versuchen, der Welt zu beweisen, dass sie Bedeutung haben – aber nicht diese innere und großartige Bedeutung, sondern eine äußerliche, egoistische –, und zwar mittels zweitrangiger Dinge wie Geld, Macht oder Popularität.

Eigentlich sollte jeder Mensch schöpferisch tätig sein. Denn erstens gibt es wohl keinen Menschen, der *gar keine* kreative Begabung hätte, zweitens kann man diese nur wecken und bilden, indem man mit ihr etwas anfängt; und drittens kann man ja nie wissen, ob man nicht sogar *begnadet* ist.

Und so finde ich, dass Blake die richtige Einstellung hat, was seinen eigenen Genius angeht, und wir sollten seinem Beispiel folgen. Er wusste von seinem inneren Feuer und glaubte daran, denn er sagte, dass jener sich seiner selbst in höchstem Maße bewusst sei, der sich nie gegen seinen Geist wendet. Blake hat sich nie selbst behindert oder entmutigt und er ließ sich auch nicht von anderen behindern oder entmutigen. Er warf jegliche Vorsicht über Bord: »Vorsicht ist ein reiches, hässliches, altes Weib, das von der Unfähigkeit umworben wird«, sagte er. Ebenso Bescheidenheit, Zaghaftigkeit, Abwägen und Vergleichen: »Ich werde nicht abwägen und vergleichen«, sagte er, »mein Anliegen ist es zu erschaffen!« Er verabscheute Dünkel und Feigheit, die sich für Bescheidenheit ausgeben. (Es ist, denke ich, nur die Angst vor dem Handeln und davor, Fehler zu machen. Es ist die Weigerung, seinen Visionen zu folgen. Es ist der Wunsch, jedermanns Beifall zu erlangen, indem man absolut harmlos, ein Niemand, ist.)

The fox, the mole, the beetle and the bat
By sweet reserve and modesty get fat.

»Fuchs, Maulwurf, Käfer und Fliegender Hund
werden durch edle Zurückhaltung und Bescheidenheit rund.«

Blake beschrieb, zeichnete und malte mit Begeisterung und Freude, was seine Klarsicht und Einbildungskraft ihm zeigten.

Vieles davon hat er verbrannt oder weggeworfen, weil er fand, dass irdischer Ruhm bloß von spirituellem Glanz ablenke. Er wusste, dass sein Werk groß und bedeutend war, weil die ewigen Mächte nie umsonst arbeiten, und das, obwohl er zu seiner Zeit unbeachtet blieb.

My designs unchanged remain,
Time may rage but rage in vain.
High above Time's troubled fountains,
On the great Atlantic mountains,
In my golden house on high,
There they shine eternally.

»Meine Bilder bleiben unverändert
Die Zeit mag wüten, aber sie wütet vergeblich
Hoch über den unruhigen Fontänen der Zeit
Auf den gewaltigen atlantischen Höhen
In meinem goldenen Haus im Himmel
Werden sie ewig glänzen.«

Und ich möchte Sie und mich selbst eindringlich auffordern, genau das zu tun: zu schreiben und ewig zu glänzen.

KAPITEL 16

Wie man seine Vorstellungskraft einbringt

Ich möchte nun etwas näher darauf eingehen, wie man seine Vorstellungskraft nutzen kann. Jeder Mensch hat Vorstellungsvermögen, aber die meisten wollen darauf nicht bauen. Wenn die Leute schreiben, neigen sie dazu, allzu bemüht ans Werk zu gehen und etwas zu erzwingen.

Für mich stand immer fest, dass es schwer sei, seine Vorstellungskraft zu nutzen. Völlig falsch. Erschwerend sind allenfalls die Angst und die Furcht, mittelmäßig zu sein. Ich zum Beispiel sagte mir früher: »Jetzt werde ich eine Erzählung schreiben.« Dann setzte ich mich hin, in der Erwartung, einfach locker loszuschwimmen und fing an: »John Johnson war ein …« Und schon stieß ich auf den ersten Felsen im Wasser, weil ich plötzlich merkte, dass ich nicht einmal wusste, wie dieser Mann aussah oder wer er war. Dann folgten gleich Mutlosigkeit und der nagende Selbstzweifel, ich könnte vielleicht ein völlig fantasieloser Mensch sein. Wenn es diese Furcht nicht gäbe, würde man den ganzen Tag lang am Ball bleiben und in Ruhe versuchen, sich John Johnson vor Augen zu führen. Man würde das mit der gleichen Freude tun, mit der man zum Beispiel einen Garten jätet, bis er ein geordnetes Gesamtbild abgibt.

Aber heute weiß ich, dass die Vorstellungskraft immer dann arbeitet, wenn man sie nicht erzwingt, sondern wenn man sich in einem Zustand passiver Geistesgegenwart befindet. Meine

Freundin hat öfters denselben Traum: Es nähert sich ihr eine Prozession fremder Leute, sie haben beeindruckende Gesichter und Kostüme.

Und jedesmal denkt sie dann: »Oh, toll, da kommen sie!«, als handele es sich um eine Parade, die eigens zu ihrer persönlichen Unterhaltung abgehalten wird. Sie strengt sich nicht an, um alles zu sehen, sondern lehnt sich entspannt zurück. Und ich denke, genauso verhält es sich, wenn man einen Roman oder eine Erzählung schreibt. Die Figuren tauchen wie von selbst vor unserem inneren Auge auf.

In dieser Annahme bestärkt mich, was eine andere Freundin von mir, eine junge schwedische Mystikerin und Seherin, erzählt. Sie hat, genauso wie Blake, Visionen von Heiligen, Erzengeln und Helden. Sie schließt ihre Augen, und all diese strahlenden Geschöpfe tauchen vor ihr auf, deutlicher und detaillierter, als sie sie jemals mit ihrem »sterblichen und vergänglichen Auge« sehen könnte (Blake unterschied davon das innere, visionäre Auge, das er das »unsterbliche und imaginative Organ« nannte). Und dann erzählt sie ganz genau, wie die Figuren aussehen und was sie sagen. Ich kann nicht erklären, was sie sieht oder *warum* sie es sieht. Aber wenn ich wie sie die Fähigkeit hätte, mit dieser herrlichen, unvergleichlichen Vorstellungskraft eines Dante zu sehen, würde ich mich für begnadet halten.

Tausend Fragen hatte ich an sie und das antwortete sie: »Wenn ich anfange, das, was ich sehe, an der Wirklichkeit zu messen, dann funktioniert es nicht.

Wenn ich zum Beispiel meine Augen geschlossen habe und erzähle, was ich sehe, und irgendjemand sagt: ›Aber du siehst ja immer nur schöne Dinge. Da müssen doch auch ein paar schlechte Sachen sein‹, denke ich: ›Hm … ich schätze, das stimmt.‹ Aber sobald ich mir vornehme, diese zu sehen, klappt gar nichts mehr. Dann verschwindet alles, die ganze Fähigkeit, ›hinüber‹ zu blicken.«

Genauso hat Mozart diesen unerschöpflichen Springbrunnen aus unglaublich schöner Musik komponiert. Dies sind seine Worte:

> Ich kann zu diesem Thema wirklich nichts weiter als Folgendes sagen, weil ich selbst nicht mehr darüber weiß und keine Erklärungen dazu liefern kann: Wenn ich, wie man so sagt, *ganz ich selbst* bin, ganz allein und guten Mutes – sagen wir, ich reise in einer Kutsche, oder ich mache nach einem guten Essen oder nachts, wenn ich nicht schlafen kann, einen Spaziergang – sind das die Umstände, unter denen meine Ideen am besten und schier unerschöpflich fließen. Woher und wie sie kommen, weiß ich nicht, auch kann ich sie nicht erzwingen. Jene Ideen, die mir gefallen, behalte ich im Kopf, und ich habe mir angewöhnt, so wie mir empfohlen wurde, sie vor mich hinzusummen. Wenn ich das eine Weile lang tue, fällt mir bald ein, wie ich dieses oder jenes Stückchen nutzen könnte, damit eine schöne Melodie daraus wird, also eine, die mit den Regeln des Kontrapunkts und den Besonderheiten der verschiedenen Instrumente harmoniert.
>
> All dies entfacht meine Seele, und vorausgesetzt, ich werde nicht gestört, wächst mein Werk von allein, es erhält Systematik und einen klaren Umriss, und das Ganze, auch wenn es lang sein mag, steht fast fertig und vollendet in meinem Kopf, sodass ich es mit einem Blick überschauen kann, wie ein schönes Bild oder eine herrliche Statue. Ich höre die Teile in meiner Vorstellung auch nicht hintereinander weg, sondern, wie man so sagt, gleich alles zusammen. Was für ein Vergnügen das ist, kann ich gar nicht sagen! All dieses Erfinden, Schaffen, findet in einem lustvollen, lebendigen Traum statt. Dennoch ist das tatsächliche Hören, dieses *tout ensemble,* von allem das Beste. Was so ge-

> schaffen wurde, vergesse ich nicht so schnell, und das ist vielleicht das größte Geschenk, für das ich meinem Schöpfergott danken muss.

Wir können nicht alle wie Mozart sein. Aber wir sind ein bisschen so wie er. Ich glaube, wir vertrauen bloß unserer Imagination nicht genug. Wir wenden sie nicht richtig an. Selbstvertrauen ist so wichtig. Wenn Sie sich ins Geschichtenschreiben stürzen wollen, bitte, lockern Sie Ihre Nackenmuskeln, fühlen Sie sich frei und unbeschwert – und seien Sie träge. Sagen Sie sich, dass Sie alles für den Papierkorb schreiben. Versuchen Sie, völlig undurchdachte Geschichten zu schreiben, und schauen Sie einfach, was dabei herauskommt.

Bisweilen habe ich meinen Schülerinnen und Schülern einen Plot vorgegeben, die Grundstruktur einer Handlung. Und dann habe ich sie gebeten, die ganze Geschichte voller Selbstvertrauen herunterzuschreiben:

»Stellen Sie sich vor, Sie bänden einem Kind einen riesigen Bären auf und Sie schmückten die Geschichte aus, während Sie weitererzählten. Lügen Sie einfach das Blaue vom Himmel herunter.« Die Ergebnisse waren erstaunlich. Eine freundliche, vornehme Frau hatte innerhalb weniger Minuten ihre Geschichte fertig und darin ein so gutes Porträt eines Chormädchens gezeichnet, dass sie über das eigene Können ganz erschrocken war. Sie hatte ferner einen scheinheiligen Geschäftsmann mit einer Leidenschaft für Ahnenforschung porträtiert, welcher heimlich seine Ehefrau betrog. Die Autorin hatte in ihrem Leben weder so ein Chormädchen gekannt, noch hatte sie schon einmal mit einem solchen Geschäftsmann zu tun gehabt. Aber hier waren sie: Zwei Leute, erschaffen in so kurzer Zeit, mit nur ein paar wenigen wahrhaftigen und gekonnten Zeilen.

Probieren Sie das einmal aus. Sie werden mehr über Ihre inneren Kräfte erfahren, über all die Geschichten, die nicht nur dieses Leben, sondern auch Ihre vorherigen Inkarnationen in Sie hineingeschrieben haben.

Und hier noch ein Vorschlag, der es Ihnen vielleicht etwas leichter macht: Kunst ist, wie ich schon sagte, eine Art Großzügigkeit, das heißt, man erzählt von einer Begebenheit, und zwar nicht, um selbst im Rampenlicht zu stehen, sondern um das Erlebte mit anderen Menschen zu teilen. Ich habe einmal Klavier gespielt, und ein Musiker, der mich spielen hörte, sagte mir: »Es hat einfach keine *Richtung*. Sie müssen sich immer an jemanden oder etwas *richten* – sei es an einen Fluss, an Gott, einen Verstorbenen oder jemanden, der anwesend ist. Aber es muss irgendwo hingehen.«

Und wenn man schreibt und eine Geschichte erzählt, ist es ebenso hilfreich, einen imaginären Zuhörer zu haben, damit man durchgängig interessant und überzeugend bleibt. Ihnen ist doch bekannt, auf welche Weise ein Zuhörer dazu beiträgt, eine Geschichte zu erschaffen und zu formen. Nehmen Sie einmal an, Sie erzählen ein paar Kindern eine Geschichte. Sie folgen beim Erzählen Ihrer Intuition, während große, aufmerksame Kinderaugen Sie anschauen. Und Sie variieren entsprechend, passen die Geschichte etwas an, kürzen hier und erweitern dort, um Ihr Publikum zu fesseln und es bis zum Schluss gefangen zu halten.

Machen Sie das einfach genauso, wenn Sie schreiben. Sie müssen Ihre Leserschaft bis zum letzten Satz bei der Stange halten. Und das gilt beim Schreiben noch mehr als beim Erzählen oder Vortragen, weil Zuhörer, wenn sie nicht unhöflich sein wollen, dem Vortragenden zuhören müssen. Die Erkenntnis, dass Kunst, Musik und Literatur auf Austausch und Beteiligung beruht, das heißt, dass ein ständiger und lebendiger Austausch zwischen Erzähler und Zuhörer stattfindet und dass ein Zuhörer (auch wenn dieser imaginär oder transzendent ist) für den kreativen Prozess des Erzählens unbedingt erforderlich ist, hat vieles von dem großen Rätsel erhellt, das mich lange verwirrt hat.

Zum Beispiel diese Kunst um der Kunst willen. Früher war ich immer bemüht, etwas zu schreiben, das dieser Maxime genügte. Ja, ich habe mitunter den Versuch unternommen, reine, unverfälschte Kunst zu produzieren, indem ich gegenüber allen, die nicht zu meinem erlauchten Kreis zählten, ausgesprochen verächtlich, arrogant, snobistisch und gegenüber meiner Leserschaft gleichgültig war. Mir war es wirklich egal, ob die Sachen jemandem gefielen – für mich war nur wichtig, dass sie *mir* gefielen. Aber warum waren die Sachen dann so langweilig, so widerlich schlecht, wo ich doch »reine Kunst« geschaffen hatte?

Ein Grund dafür war wohl sicherlich, dass ich nicht bescheiden genug war, als Schriftstellerin lediglich interessieren und unterhalten zu wollen oder anderen Menschen meine Gedanken mitzuteilen. Ich brachte stattdessen literarische Akrobatennummern zustande – auch wenn diese Form der Literatur und Kunst von den gebildetsten Leuten oft viel Zuspruch erhält.

Wenn man es genauer betrachtet, dann ist es doch so: Die *Ilias*, die Psalmen, die Sagen und die große Literatur der Antike wurden von der Tatsache, dass sie sich an *Zuhörer* richteten, schöpferisch beeinflusst und geformt. Man stelle sich einmal Homer oder Dante, die Minnesänger, die Barden oder die Sagenerzähler vor, wie sie – bloß um ihre psychischen Irrungen und Wirrungen kundzutun – vor ihrem Publikum stehen und in die Saiten ihrer Lyra hauen, egozentrisch, ohne darauf zu achten, ob es jemanden interessiert, geringschätzig gegenüber den Zuhörern, diesem Gegenpol, der doch Voraussetzung für das Fließen dieses für jeden Menschen spürbaren elektrischen Stroms ist und der den Erzähler als solchen überhaupt erst möglich macht.

Ich glaube, die Schwierigkeiten beim subjektiven Schreiben sind der Mangel an Großzügigkeit und das Fehlen eines lebendigen fließenden Austauschs mit einem Zuhörer.

Tschechow gab seinem Bruder folgende Ratschläge für die schriftstellerische Arbeit:

> Es gibt da diese Geschichte von dir, in der sich ein junges Paar während des gesamten Abendessens küsst und Unsinn erzählt. Es kommt kein einziges vernünftiges Wort darin vor, sondern nur tiefste *Selbstgefälligkeit. Und du schreibst nicht für den Leser.* Du hast geschrieben, weil dieser Schwätzer *dir* gefallen hat. (...) Subjektivität ist etwas Entsetzliches – auch weil der arme Schreiber damit selbst leicht seinen Gewinn verspielt. Warum beschreibst du nicht einfach das Abendessen – wie sie gemeinsam gegessen haben, was es gab, den Koch, wie vulgär dein Held war, wie überzeugt von seiner Faulheit und Bequemlichkeit, wie lächerlich die Liebe der Heldin zu diesem blasierten, windelärschigen, überfütterten Gänserich war? (...) Du kannst doch so schön lachen, bissig sein und spotten. Du hast einen solch abgerundeten Stil.

Aus all diesen Gründen (weiß ich aus eigener Erfahrung) soll man kein dickes Buch schreiben, wenn man es zu vier Fünfteln mit seinen eigenen psychischen Qualen voll stopft und seine Innereien auf dem Seziertisch ausstellt.

Wen interessiert dergleichen? Außerdem wüsste der Leser sofort – aufgrund der dritten Dimension –, dass man ein überheblicher Egomane ist, dem alle anderen völlig egal sind, ausgenommen die eigene Person. Der Leser wird kapitulieren und resigniert denken: »Warum soll ich noch weiterlesen? Der Autor wird mir sowieso nichts zu erzählen haben. Er spricht allein mit sich selbst.«

KAPITEL 17

»Die Tiger des Zorns sind weiser als die Rosse der Belehrung«

William Blake*

Einem meiner Freunde, den ich als einen vorsichtigen Planer kenne, erzählte ich einmal, dass ich dieses Buch hier endlich schreiben und fertigstellen wollte. Daraufhin fragte er mich: »Hast du das Buch auch gut durchgeplant? Hast du schon eine konkrete Vorstellung von der Gliederung im Kopf?« Sofort erstarrte mein Herz zu Eis, ich geriet für einen Augenblick in panische Angst. Aber ich antwortete: »*Nein!* Natürlich habe ich es nicht durchgeplant. Ich käme gar nicht auf die Idee, es zu planen.«

Wollte man ein solch gewaltiges Sprachbauwerk vorher durchplanen, würde man sofort den Mut verlieren. Es ist einfach zu schwierig, zu komplex und zu beängstigend. Man käme niemals zu einem Schluss. Nein, tun Sie so etwas nicht, schreiben Sie immer das, was Ihnen beim Schreiben gerade einfällt. Später kommt von ganz allein noch mehr dazu – und der Fluss wird anfangen, durch Sie hindurchzufließen.

Ich habe sehr lange gebraucht, um das zu lernen. Noch vor kurzem hätte ich mich an das gehalten, wozu mir alle immer geraten haben: Ich hätte das Buch durchgeplant, hätte erst eine detaillierte, folgerichtige Gliederung aufgestellt, mit römischen Ziffern – I, II, III und so weiter – und den Untergliederungen

* William Blake: *Werke*, »Sprichwörter der Hölle«, hg. v. G. Klotz, übers. v. W. Wilhelm, Berlin 1958, S. 273

a, b, c und so fort. Und kein Mensch hätte dann dieses durchgeplante Buch gelesen, weil es so bedrohlich nüchtern, aber unglaubwürdig erschienen wäre und weil ich mich die ganze Zeit gezwungen gesehen hätte, Bausteine und Bruchstücke von Bausteinen in dieses perfekte, logische und sterile Gerüst hineinzupressen und mich zu fragen: »Würde sich an dieser Stelle das kurze Konfuzius-Zitat nicht gut machen? Oder sollte ich es einfach in das Kapitel mit der Überschrift *Konstruktives Denken oder was der moderne Schriftsteller zu vermeiden lernen muss* hineinschmuggeln oder es dem Leser im Kapitel *Wie man eine Handlung konstruiert* unterjubeln?«

Nein, den Teufel werde ich tun, ein Buch durchzuplanen, bevor ich mit dem Schreiben angefangen habe. Man schreibt erst und strukturiert dann. Man beginnt zuerst mit dem Schreiben, weil die Worte frei und aufrichtig fließen sollen, weil man etwas für wahr und mitteilenswert hält – und nicht, weil es in die Planung passt.

Wenn man spontan vorgeht, wird das Buch lebendig. Damit meine ich nicht, dass es unbedingt erfolgreich wird. Vielleicht wird das Buch nur in den Augen von zehn Lesern zum Leben erwachen; – aber immerhin für diese. Es wird sie ansprechen, es wird dazu beitragen, dass diese zehn Menschen sich befreit fühlen.

Ich glaube, dass die meisten Leute, die in ihren Kursen lehren, wie man Kurzgeschichten schreiben soll, das Pferd von hinten aufzäumen (und, wie ich gehört habe, soll es an den Kunstakademien nicht viel besser aussehen). Man lernt in diesen Schreibkursen, wie ein Plot zu konstruieren sei, man runzelt beflissen die Stirn, wie ein Schneider, der einen Faden durch ein Nadelöhr ziehen möchte, und erwägt all diese Notwendigkeiten, statt mit seiner Geschichte, die man gerade erzählen will, endlich anzufangen. Jeder Mensch kann Geschichten erzählen. Und wenn Sie schon einmal einem Kind etwas erzählt haben und es Ihnen zugehört hat, dann können Sie es auch.

Aus diesem Grund mag ich die Kritiker nicht, sei das nun ein Literaturprofessor oder Freund, ein Familienmitglied oder ein Rezensent. Für sie ist es ein Kinderspiel, uns am Boden zu zerstören – erst durch ihre Entmutigung und dann, indem sie unsere Imagination in einen Käfig aus Regeln sperren, sodass wir nicht mehr frei und unbefangen den nächsten Schritt tun können. Denken Sie immer an George Bernard Shaw, der gesagt hat, Entmutigung sei das einzige wirkliche Übel.

Ich weiß selbst nur allzu gut, wie sensibel und empfindsam Schriftsteller sind. Das liegt aber in der Natur der Sache, das gehört zum Wesen eines Schriftstellers und ist nichts, dessen er sich schämen müsste. Und weil unser schöpferisches Anliegen mit unserer Seele, unserem lebendigen Geist, gleichzusetzen ist, finde ich, dass diese Leute – indem sie verurteilen, was wir erschaffen – eigentlich *uns* vernichten. Und deshalb haben wir dann immer dieses quälende, schmerzhafte Gefühl, auch wenn wir uns immer wieder sagen, wie unvernünftig es ist, die Kritik so persönlich zu nehmen.

In meinem Tagebuch habe ich folgende Notiz über die Schülerinnen und Schüler meines Schreibkurses gefunden: »Interessant ist, dass sie es sofort mitbekommen, wenn meine innere Aufmerksamkeit für einen von ihnen nachlässt. Und wenn ich es zulasse, dass sie auch nur für einen kurzen Augenblick den Mut sinken lassen, dann sterben sie sofort ab. Zarte Pflänzchen. Das heißt, ich muss aus dem Manuskript jedes Einzelnen vorlesen.« Würde ich nur aus den Manuskripten einiger vorlesen, dann würden nämlich die anderen denken: »Die schreiben gut; ich schreibe nicht gut«, und sie würden anfangen zu verzweifeln.

Ich hoffe, ich konnte Ihnen veranschaulichen, warum ich etwas gegen Kritiker habe, warum ich glaube, dass sie bloß schaden und jede innere Schaffenskraft ersticken und behindern. Es war William Blake, der mir das deutlich gemacht hat.

> Was wir meist als Vernunft bezeichnen, hat überhaupt nichts mit dem Verstand zu tun, sondern entstammt allein dem, was wir mit unseren fünf Sinnen erfahren haben. Es entstammt der Erde und unserem Körper.

»Das solltest du nicht tun«, sagt die Vernunft (und all diese belesenen Kritiker), »weil es das letzte Mal auch nicht funktioniert hat.« »Außerdem hat Soundso es mit einer Serie von Experimenten logisch und wissenschaftlich belegt«, sagten der Rationalist, der materialistische Wissenschaftler und der Sachverständige unter Zugrundelegung aller ihrer Untersuchungen des rein Stofflichen und unter Ausklammerung aller Hellsichtigkeit und Imagination, die himmlisch und göttlich ist und von den Wissenschaftlern weder gewogen noch gemessen, weder belegt noch erklärt werden kann. Diese Hellsichtigkeit würde ihnen vielleicht etwas Neues, Zauberhaftes ins Ohr flüstern, wenn sie es nur zuließen. Aber der harte Panzer aus skeptischem Intellekt sperrt alle Hellsichtigkeit aus.

Blake sagte einmal, das einzige, was bei der Erkenntnis von Wert sei, sei das, was über die veranschaulichende Wissenschaft, das Gewogene und Gemessene, *hinausgeht:*

> Die Vernunft und der Sinn von allem, was wir schon wissen, wird nicht mehr der gleiche sein, wenn wir mehr wissen.*

* William Blake: *Werke,* »Es gibt keine natürliche Religion«, hg. v. G. Klotz, übers. v. W. Wilhelm, Berlin 1958, S. 253

Und wie erweitern wir unser Wissen? – Eben nur durch unsere Imagination, die von Gott kommt und welche die Propheten und viele großartige Menschen zum Ausdruck gebracht haben. Natürlich hat es auch berühmte Wissenschaftler gegeben, die sich durch ihre Imagination ausgezeichnet haben.

Blake verabscheute Francis Bacon und die Rationalisten des 18. Jahrhunderts, die diesem folgten:

> Ich habe Locke, Bacon und Burke gelesen. Zu jedem dieser Bücher habe ich meine Meinung aufgeschrieben, und wenn ich mir das jetzt noch einmal anschaue, stelle ich fest, dass ich damals die gleiche Verachtung und denselben Ekel verspürt habe, wie heute. (…) Sie verspotten die Inspiration und die Hellsichtigkeit. Inspiration und Vision waren damals, sind heute und werden hoffentlich immer mein Element bleiben, meine ewige Wohnstätte; wie kann ich also von ihrer Verachtung hören, ohne Geringschätzigkeit mit Geringschätzigkeit zu vergelten?

Blake hatte Visionen. Er sah den Erzengel Gabriel und andere wunderbare Wesen, die ihm sagten, was er schreiben und zeichnen sollte und wie er eine neue Radiermethode erfinden könnte. »Der göttliche Blake«, sagte sein Freund Calvert, »welcher Gott gesehen und mit den Engeln gesprochen hat.« Für Blake war natürlich klar, dass Imagination und Inspiration (über die wir ja alle verfügen) von Gott und den Aposteln komme. Die Psychologen freilich erklären uns, sie kämen aus dem Unbewussten. Aber jede dieser beiden Erklärungen ist so gut wie die andere. Mir persönlich gefällt die von Blake besser, weil sie leichter zu verstehen und viel plausibler ist.

Um noch einmal auf die Kritiker zurückzukommen, welche die Imagination bei sich selbst und anderen behindern und verscheuchen: Die Geschichte der Architektur, Malerei und Bildhauerei zeigt nur zu deutlich, dass der Mensch immer dann kritisch theoretisiert, wenn ihn die Inspiration verlässt. Aber die Inspiration stirbt nur ab, weil die Theoretiker – die Rosse der Belehrung, wie Blake sagte – anfangen, alles auseinander zu pflücken und zu analysieren, und weil sie das, was die großen Künstler von gestern frei aus ihrem wahren Selbst heraus geschaffen haben, in ein kodiertes Regelwerk pressen.

Außerdem mag ich die Kritiker (sowohl den in mir selbst als auch den in den anderen) auch deshalb nicht, weil sie als Lehrmeister etwas vorgeben, was sie gar nicht *sind.* In Wirklichkeit sind sie wie schwache, x-beinige, feige Frauen, die Angst vor Spinnen und Einbrechern haben und immer zu ihren Männern sagen: »Los, geh schon raus, du Angsthase, und kämpfe wie ein Mann!« Die Kritiker sind Trittbrettfahrer, die weder den Mut noch die Liebe aufbringen können, selbst etwas auf die Beine zu stellen. Oder sie benehmen sich wie Großwildjäger, die aus weiter, sicherer Distanz ein liebenswertes, kleines Geschöpf töten und dabei größte Selbstzufriedenheit verspüren (obgleich sie selbst in absoluter Sicherheit sind und zum Schießen weder Muskelstärke noch besondere Geschicklichkeit mitbringen müssen).

Natürlich tun mir diese Menschen auch irgendwie leid. Indem sie in sich selbst den Kritiker (den Hassenden) genährt haben, haben sie in sich den Künstler (den Liebenden) getötet. Sollten Sie so eine Art kultivierten Besserwisser in sich tragen, dem es ein diebisches Vergnügen bereitet, das anzuprangern, was *nicht* gut ist, und nur zu urteilen, zu bewerten und zu vergleichen, dann sind Sie mit einem solchen Verbündeten schlecht beraten. Mein Anliegen ist es, dass Sie sich von diesem befreien. Ich jedenfalls weiß, dass die Energie, die den schöpferischen Funken speist, der Liebe entspringt und all ihren Manifestationen: der Bewunderung, dem Mitgefühl, dem Respekt, der

Dankbarkeit, dem Lob, der Zärtlichkeit, der Verehrung oder der Begeisterung.

Vergleichen Sie einmal das Zartgefühl großer Künstler mit der Einstellung, die Kritiker anderen Menschen gegenüber haben. Van Gogh schrieb an seinen Bruder:

> Du bist gut zu den Malern und ich sage dir, je mehr ich darüber nachdenke, desto mehr komme ich zu dem Schluss, dass nichts so wahrhaft künstlerisch ist, wie andere Menschen zu lieben.

Und als sein Bruder einmal von einem gewissen Künstler behauptete, dieser sei bloß »mittelmäßig«, wollte van Gogh das nicht dulden:

> Das kommt sehr darauf an, was du unter mittelmäßig verstehst. Mittelmäßigkeit in seiner einfachen Bedeutung verabscheue ich überhaupt nicht. Und mit Sicherheit kommt man über dieses Maß auch nie hinaus, wenn man das, was mittelmäßig ist, verabscheut. Meiner Meinung nach muss man damit beginnen, dem Mittelmäßigen wenigstens eine gewisse Wertschätzung entgegenzubringen, zu erkennen, dass es immerhin schon mal *etwas* ist und dass es nur unter großen Anstrengungen zu erreichen ist. Adieu für heute, ich schüttle dir in Gedanken die Hand.

Und als Blake einmal bei Sir Joshua Reynolds las: »Begeisterte Bewunderung fördert selten die Erkenntnis«, kritzelte er wütend an den Rand: »Begeisterte Bewunderung ist der erste Grundsatz der Erkenntnis und auch ihr letzter. Jetzt fängt er an, herunterzuputzen, zu leugnen und zu spotten.«

Denken Sie immer daran: »Begeisterung« heißt »Inspiration durch das Göttliche«.

Vor Jahren hatte ich im *Harper's Magazine* einen Artikel von einem hochgebildeten Mann gelesen, in dem dieser ausführte, mit welch gewissenhafter Pflichterfüllung er seine Kinder dazu erzogen hatte, allem und jedem gegenüber skeptisch zu sein, niemals etwas zu glauben – ob das nun das Leben, die Religion oder ihre eigenen Gefühle betraf –, ohne es vernünftigen Zweifeln zu unterziehen. Er hatte sie eben dazu angehalten, allem gegenüber eine hartnäckige, zutiefst skeptische und zweifelnde Einstellung zu haben. Mit anderen Worten, die Kinder sollten jegliche spontane Liebe, Leidenschaft, Begeisterung und schöpferische Kraft in sich selbst ausrotten. Ich finde, der Mann hätte seine Kinder auch gleich im Hinterhof mit einer Axt erschlagen können. Für Ihre eigene Arbeit gilt also Folgendes: Was immer Sie lieben, wird auch leicht zu schreiben oder zu malen sein.

Einmal waren ein paar von uns hinaus aufs Land gefahren, um zu malen. Die meisten hatten noch nie gemalt, nur wenige hatten schon mal ein bisschen herumexperimentiert. Alle suchten in der Landschaft Ausschnitte, aus denen sich eine »interessante Komposition« machen ließe. »Mein Bild wird das Beste«, sagte ich, denn ich suchte etwas, das ich mochte, etwas, wofür ich Begeisterung verspürte: Es waren zwei Kutschen mit rot-gelben Rädern, deren Speichen wie Spinnennetze in der Sonne leuchteten. Und mein Bild war tatsächlich das Beste. Nicht weil ich mehr Talent oder Fertigkeit als die anderen gehabt hätte, sondern weil mich das, was ich betrachtet hatte, mich mit Inbrunst erfüllt hatte.

Es liegt an den Kritikern (um uns herum und in uns selbst), dass wir so zurückhaltend sind, wenn wir schreiben. Und ich weiß, dass diese Zurückhaltung das Ergebnis entstellt. Kritik verbessert rein gar nichts.

Während ich dieses Buch schreibe, wird mir hin und wieder ganz frostig ums Herz, weil ich denke: »Was, wenn es nicht stimmt? Dann halten mich die Leute für verrückt. Wo ist bloß meine Logik geblieben? Ich habe ja noch nicht einmal in Philosophie oder Psychologie promoviert.« Aber ich lasse nicht zu, dass sich dieses Gefühl, das mich frösteln macht, in mir einnistet und ausbreitet, weil ich mir sage, dass ich weiß, dass das, was ich sage, stimmt. Es stimmt für mich, und deshalb sage ich es einfach geradeheraus, – alles weitere ist dann Sache des Lesers. Vor ein paar Jahren noch hätte ich mich nicht getraut, in diesem Buch irgendetwas zu schreiben, ohne vorher lange Passagen aus dicken Büchern zur Erhärtung heranzuziehen: »William James hat gesagt ...« etc., etc.

Ich glaube heute, dass es besser ist, sein Selbst sprechen zu lassen; und wenn Sie schreiben, dann – bitte – lassen Sie Ihr Selbst schreiben. Werfen Sie alle militärische Selbstdisziplin wie: »Ich muss es beweisen« über Bord. Wenn Sie nichts beweisen wollen und es Ihnen nicht um einen bestimmten Beweis an sich geht, dann brauchen Sie das nicht. Beweisen *müssen* Sie *gar nichts*, indem Sie etwa wissenschaftliche Belege anführen, Vergleiche ziehen und was es da sonst noch alles gibt. Sagen Sie einfach, was Sie sagen wollen! Wenn es für *Sie* wahr ist, dann *ist* es wahr. Vielleicht rückt an die Stelle später eine andere Wahrheit. Aber das, was wirklich von mir kommt, ist wahr, ob es nun jemand glaubt, oder nicht. Es ist *meine* Wahrheit.

Wenn Sie also schreiben, dann erzählen Sie bitte voller Selbstvertrauen. Schwächen Sie nichts ab, werden Sie nicht schüchtern und lassen Sie sich nicht lähmen durch einen stilistischen Regelkanon oder von einem Bedürfnis, dem kritischen Auge standzuhalten – vor lauter Angst, dass man Sie am Ende zerpflückt, wenn Sie mit dem Buch fertig sind. Sollen sie doch! Wenn Sie vielleicht später finden, dass das, was Sie geschrieben haben, nicht stimmt, dann akzeptieren Sie einfach die neue Wahrheit. Beständigkeit ist das Entsetzlichste auf Erden.

KAPITEL 18

»Wessen Äußeres kein Licht gibt, der soll niemals ein Stern werden«

William Blake*

Warum soll man jeden Menschen zum Schreiben anhalten, wo es doch schon so viele Schriftstellerinnen und Schriftsteller gibt und ganze Ozeane voller bedrucktem Papier? – Nun, alles in allem ist es dann doch nicht allzu viel, und Weniges lohnt sich, in Erinnerung zu behalten. Alle zwei, drei Jahre erscheint mal ein Buch, das jeder toll findet und lobt und als wahres Kunstwerk bezeichnet. Für diese Bücher bin ich dankbar. Aber es könnte noch mehr lebendige Literatur geben, welche die Menschen wirklich anspricht, statt ihnen bloß zu helfen, die Zeit totzuschlagen.

Und was ist schon ein kleines Büchlein, wo sich in der Welt um uns herum doch überall so viel Großartiges verbirgt? Die wirklich guten Bücher, die gedruckt werden, scheinen so rar, geradezu Geheimtips der Verlage zu sein, und das in einem Land mit so vielen Einwohnern. Nun, ein, zwei kleine Bücher, die für etwa zwei Jahre einen Eindruck hinterlassen und nach fünf Jahren völlig in Vergessenheit geraten sind, sind einfach zu wenig, wenn man bedenkt, wie viele es geben *könnte* und was die Menschen alles aus sich herausholen *könnten*.

Aber wenn jeder schriebe (wie ich es mir wünsche) und das Schreiben schätzen und lieben würde, hätten wir eine Nation

* William Blake: *Werke*, »Sprichwörter der Hölle«, hg. v. G. Klotz, übers. v. W. Wilhelm, Berlin 1958, S. 269

voller intelligenter, eifriger, leidenschaftlicher Leser und Leserinnen, die ja auch noch großzügig und dankbar wären – und nicht bloß kritische, abgestumpfte Fahrgäste mit Sitzplatz, *Beobachter* des Geschriebenen, deren Einstellung lautet: »Na los. Unterhalten Sie mich jetzt ein bisschen.« Nein, wir alle würden in unseren Schriften aufgewühlt und voller leidenschaftlichem Interesse miteinander sprechen, wie freie Menschen, wie Brüder und Schwestern, wie die Bewohner des Paradieses, welche Dostojewskij in einer seiner Erzählungen beschrieben hat: »… nicht nur in ihren Liedern, sondern in ihrem ganzen Leben schienen sie nichts anderes zu tun, als sich gegenseitig zu bewundern.«

Und was kam dabei heraus? – Große, wirklich große Literatur eines Volkes.

Und damit komme ich, alles noch einmal zusammenfassend, zum Schluss.

Wenn Sie schreiben möchten:

1. Seien Sie gewiss, dass Sie begabt und originell sind und dass alles, was Sie zu sagen haben, wichtig ist.
2. Seien Sie gewiss, dass es eine gute Sache ist, kreativ zu arbeiten. Arbeiten Sie mit Liebe, und stellen Sie sich immer vor, dass Sie etwas Schönes tun. Es ist leicht und interessant. Es ist ein Privileg. Es liegt nichts Schweres darin, außer Ihrer besorgten Eitelkeit und der Angst zu versagen.
3. Bringen Sie frei und unbekümmert Ihre ersten Entwürfe zu Papier.
4. Nehmen Sie alles in Angriff, was Sie wollen – Romane, Dramen, einfach alles. Denken Sie immer an Blakes Warnung: »Eher ein Kind in der Wiege morden, als untätig Wünsche nähren.«*

* William Blake: *Werke*, »Sprichwörter der Hölle«, hg. v. G. Klotz, übers. v. W. Wilhelm, Berlin 1958, S. 275

5. Haben Sie keine Angst davor, schlechte Geschichten zu schreiben. Um herauszufinden, was mit einer Geschichte nicht stimmt, schreiben Sie am besten noch zwei weitere und widmen sich dann der ersten erneut.
6. Grämen oder schämen Sie sich nicht wegen der Sachen, die Sie in der Vergangenheit geschrieben haben. Wie sehr habe ich selbst immer darunter gelitten! Wie ich aus meiner Erinnerung diese kleinen Kotzbröckchen, die ich irgendwann einmal geschrieben hatte, hochwürgen konnte (und immer noch kann)! Tun Sie das bitte nicht. Gehen Sie einfach weiter zum Nächsten und kämpfen Sie gegen diese Neigung, die zum Großteil nicht auf lobenswerter Bescheidenheit, sondern auf einem Mangel an Selbstachtung beruht. Wir (besonders die Frauen) sind allzu schnell bereit, nicht zu dem zu stehen, was wir gesagt oder getan haben. Oft versucht man die erwartete Kritik vorwegzunehmen, indem man – bevor überhaupt jemand etwas Kritisches sagen kann – hastig einräumt: »Ja, ich weiß, es ist schrecklich!« Das ist sehr übel und feige. Es ist so eitel und verklemmt, sich seiner Fehler zu schämen. *Natürlich* sind es Fehler. Na und? Machen Sie den nächsten!
7. Versuchen Sie, Ihr wahres, ehrliches und untheoretisches Selbst zu entdecken.
8. Stellen Sie sich nicht vor, Sie seien ein Verdauungstrakt und ein Knäuel von Nerven in einem Schädel, welches nur unter der Einwirkung von Koffein in Bewegung gerät. Stellen Sie sich lieber vor, Sie seien eine weißglühende Kraft, möglicherweise erleuchtet, und Gott und die Apostel würden Ihnen unablässig Dinge zuflüstern. Vergessen Sie nie, dass Sie großartig sind. Was für ein Wunder! Stellen Sie sich vor, Tiffany's würde eine Mücke herstellen und wie wunderbar wir diese dann finden würden.
9. Und wenn Sie mit dem, was Sie schreiben, niemals zufrieden sind, dann ist das ein gutes Zeichen. Es bedeutet, dass Ihr

Blick so weitreichend ist, dass es Ihnen schwerfällt, nachzukommen. Und wieder muss ich sagen, dass die einzigen bedauernswerten Leute die schwatzhaften sind, die sofort mit ihrer Arbeit zufrieden sind. Für sie ist der Ozean nur ein knietiefes Gewässer.

10. Und wenn Sie sich mutlos fühlen, erinnern Sie sich an die Worte van Goghs: »Wenn du eine Stimme in dir hörst, die sagt: ›Du bist kein Maler‹, dann male um jeden Preis, und die Stimme wird zum Schweigen gebracht, aber eben nur, indem man arbeitet.«
11. Haben Sie keine Angst vor sich selbst. Halten Sie sich nicht selbst in Schach. Wenn Sie etwa befürchten, zu sentimental zu sein, dann seien Sie um Himmels Willen so sentimental, wie Sie nur können oder wollen! Dann werden Sie wahrscheinlich auf die andere Seite des Flusses gelangen und die Sentimentalität überwinden, weil Sie sie endlich verstanden haben und sie Ihnen nicht mehr so bedrohlich erscheint.
12. Taxieren Sie sich nicht permanent selbst, indem Sie sich fragen, ob Sie nun besser oder schlechter als andere Schriftsteller sind. »Ich werde nicht abwägen und vergleichen«, sagte Blake, »mein Anliegen ist es, zu erschaffen.« Ganz abgesehen davon sind Sie ein Geschöpf, das es so noch nie gegeben hat. Sie sind also ganz unvergleichlich.

Und warum sollten Sie all diese Dinge beherzigen? Warum sollten wir alle unsere schöpferische Kraft nutzen und schreiben, malen, musizieren oder wozu immer diese Kraft uns drängt? – Weil es nichts gibt, das die Menschen gleichermaßen großzügig, fröhlich, lebendig, kühn, mitfühlend und so desinteressiert an Streiterei und dem Anhäufen von Gegenständen und Geld macht. Weil der beste Weg, die Wahrheit und die Schönheit zu erkennen, der ist, sie auszudrücken. Und welchen Sinn soll unsere Existenz diesseits und jenseits sonst haben, wenn nicht den, Wahrheit und Schönheit zu entdecken und sie auszudrücken, das heißt, sie mit anderen Menschen zu teilen?

Und deshalb glaube ich, dass dieses Buch mein Jahrtausend um zwei- oder dreihundert Jahre überdauern wird. Und wenn es Sie dazu angeregt hat, auch nur *eine* kleine Erzählung zu schreiben, dann freue ich mich.

Über die Autorin

Brenda Ueland wurde 1891 in Minneapolis geboren – wie sie selbst sagte: »Geboren am Lake Calhoun, zu einer glücklicheren Zeit (bevor es Autos gab). In einem großen weißen Haus (tausend Zimmer und ein einziges Bad). Eine große hölzerne Windmühle, die an Sommertagen knarrte, ein Pferd, ein Pony, eine Kuh und glückliche Hühner, die frei über den flauschigen Rasen liefen.«

Ihre Eltern waren Ende des 18., Anfang des 19. Jahrhunderts im kulturellen Leben von Minneapolis engagiert; ihre Mutter war eine Suffragettenführerin, ihr Vater war Rechtsanwalt und Richter. Brenda Ueland verbrachte viele Jahre in New York, wo sie zusammen mit John Reed, Louise Bryant und Eugene O'Neill einer Gruppe von Bohemiens in Greenwich Village angehörte. Nach ihrer Rückkehr nach Minnesota verdiente sie ihren Lebensunterhalt als Schriftstellerin, Lektorin und Leiterin von Schreibseminaren. Bis ins hohe Alter führte Brenda Ueland ein erfülltes und buntes Leben: Sie erhielt eine Internationale Schwimmerurkunde für Senioren über achtzig Jahre und wurde vom norwegischen König zur Ritterin geschlagen. Sie starb 1985 im Alter von 93 Jahren.

Register

licht. Neben drei Gedichtbänden veröffentlichte sie einen Band mit Vorträgen und Lesungen. Rebecca McClanahan erhielt den PEN/Syndicated Fiction Award, den J. Howard and Barbara M. J. Wood Prize der Zeitschrift Poetry, den Carter Prize for Nonfiction der Zeitschrift Shenandoah und den Governor's Award for Excellence in Education. Sie lehrt seit über 25 Jahren Creative Writing und lebt zur Zeit in New York City.

»Ein hervorragender Ratgeber sowohl für Lyriker als auch für Prosaschriftsteller. Für McClanahan sind Beschreibungen der Schlüssel zu jeder guten schriftstellerischen Arbeit.«
Doris Betts, Autorin und Professorin der University of North Carolina Chapel Hill

»Rebecca McClanahans Ratgeber ist wie ihr Schreibstil: klar, prägnant, frisch und elegant.«
Clyde Edgerton, Autorin

»Zu viele Schriftsteller sehen Beschreibungen lediglich als Hintergrund oder Verzierung ihrer Geschichten an. McClanahan demonstriert nicht nur ihre organische Notwendigkeit, sondern zeigt auch, wie sie sich vitaler, spannender und einfach erfreulicher gestalten lassen.«
Fred Chappell, Autor

Deutsche Erstausgabe. Originaltitel: *Word Painting. A Guide to Writing More Descriptively.* Deutsch von Ute Bischoff. 348 Seiten. Fadenheftung. Fester Einband. 17,80 €. Nummer 18408.

SOL STEIN

Über das Schreiben

Gleichgültig, ob Sie Anfänger/in oder Profi sind, ob Sie Romane, Kurzgeschichten oder Sachbücher schreiben, Sie werden in diesem Ratgeber eine Fülle praxistauglicher Tips finden, die Sie anderswo vergeblich suchen. Denn dieses Handbuch kommt aus der Praxis. Sol Stein kennt die geschriebenen und ungeschriebenen Regeln, Tips und Techniken des Schreibens, und er weiß, wie man einen Text auch kommerziell erfolgreich macht. Anhand zahlreicher Beispiele zeigt er, wie Sie ein Buch wirkungsvoll beginnen, wie Sie faszinierende Charaktere entwickeln und einen tragfähigen Plot entwerfen. Er erklärt das für jede Handlung zentrale System des Konfliktaufbaus und zeigt die Techniken, mit denen sich ein verbaler Schlagabtausch oder einfühlsamer Dialog effektvoll gestalten lassen. Vor allem lehrt Stein, wie man Vorgänge zeigt, statt von ihnen zu erzählen. Sol Steins »wunderbares ›Über das Schreiben‹ gehört auf jedes Autorenregal« (Die Welt).

Deutsche Erstausgabe. Originaltitel: *Stein on Writing.* Deutsch von Waltraud Götting. Bereits in der 7. Auflage! 443 Seiten. Fadenheftung. Fester Einband. 16,85 €. Nummer 18207.

SOL STEIN

Aufzucht und Pflege eines Romans

Die häufigsten Fehler beim Schreiben. Und wie man sie vermeidet

Haben Sie schon einmal davon geträumt, einen erfolgreichen Roman zu schreiben? Haben Sie den Traum nicht verwirklicht, weil Sie glauben, als Autor/in muß man zuallererst ein Genie sein? Sol Stein sagt: Sie irren sich. Es geht zuerst einmal um das Vermeiden einer kleinen Anzahl von Kardinalfehlern, die den Bucherfolg verhindern. Sol Stein nennt die Fehler und zeigt, wie man sie vermeidet. Ein Schüler von Stein, Jerry Jenkins, kam jüngst bis auf Platz 1 der N.Y. Times Bestsellerliste und verwies Harry Potter auf die hinteren Ränge. Stein beweist: Daß eine Geschichte ihre Leser fesselt, beruht nicht allein auf Genie und Intuition, sondern vor allem auf Fertig- und Fähigkeiten, die sich erlernen lassen. Er vermittelt sie systematisch, leicht nachvollziehbar und dazu auch noch kurzweilig. Er zeigt uns den Text als Werkstück, das sich hobeln, feilen und schmirgeln läßt, bis aus dem Rohstoff ein feines Meisterwerk geworden ist. Dazu erfährt man »eine Menge über das Verlagsgeschäft. Auch Dinge, die einem das Autorenleben retten können ... dieses Buch ist ein Augenöffner und vor allem Autoren zu empfehlen, die mit ihren Romanen keine literarische Nische, sondern ein Massenpublikum erreichen wollen« (Autorenmagazin Federwelt).

Deutsche Erstausgabe. Originaltitel: *How to Grow a Novel.* Deutsch von Sebastian Gavajda und Waltraud Götting. 270 Seiten. Fadenheftung. Fester Einband. 16,85 €. Nummer 18360.

RONALD B. TOBIAS

20 Masterplots

Wollen Sie Drehbücher schreiben? Romane veröffentlichen? Dann brauchen Sie vor allem eines: Eine gute Geschichte. Es gibt, da sind sich die meisten Schreiber einig, nur eine sehr begrenzte Auswahl von Erzählmustern. Alles andere sind Variationen zum Thema. Und: Wer von diesen Mustern abweicht, wird meist mit Verachtung und Nichtkauf gestraft, denn der Geist liebt bewährte Denkmuster. Radikale Schreiber, von Aristoteles bis heute, behaupten sogar, es gäbe nur zwei Muster: Die Tragödie (heute auch Action-Thriller genannt) und die Komödie (heute auch Comedy genannt). Ronald B. Tobias präsentiert und analysiert 20 beispielhafte und bewährte Masterplots, zentrale Erzählstrukturen, die in der Literatur, ganz gleich, um welches Genre es sich handelt, immer wieder auftauchen. »Der beste aktuelle Ratgeber für Leute, die das Handwerk des Schreibens perfektionieren wollen« (Lübecker Nachrichten). »Die Eleganz und Anschaulichkeit, mit der der amerikanische Autor seine literarische Rasterfahndung praktiziert ... wird man in Deutschlands Schreibschulen wohl vergeblich suchen ... anregend und spannend« (Kölner Stadtanzeiger).

Deutsche Erstausgabe. Originaltitel: *20 Master Plots (And How to Build Them).* Deutsch von Petra Schreyer. 335 Seiten. Fadenheftung. Fester Einband. 13,80 €. Nummer 18289.

ROBERT J. RANDISI

Krimis schreiben

Ein Handbuch der Private Eye Writers of America

Krimis und Thriller gehören zu dem mit Abstand meistgelesenen und auch kommerziell erfolgreichsten Genre der Literatur. Verbrechen lohnt sich eben doch! Zumindest theoretisch. In diesem Handbuch erfahren Sie alles über die unverzichtbaren Basics für einen soliden literarischen Mordplan – von Schreibtischtäter/inne/n, die im Krimi-Geschäft bereits erfolgreich sind: Sie zeigen Ihnen, auf welch geniale Ideen, Verwicklungen und überraschende Auflösungen Sie kommen, wenn Sie über das schreiben, was Sie kennen – und noch ein bißchen dazu erfinden, gewähren Ihnen Einblick in ihre Story-Werkstatt, verraten, wie man sympathische Kommissare oder Detektive entwickelt, mit denen sich ganze Krimiserien bestreiten lassen, führen vor, wie man seine Leser vom Anfang bis zum Ende des Romans in Atem hält und schließlich auch noch die Lektoren mit seinen Krimis begeistert. »Behandelt gründlich, aber unterhaltsam alle Aspekte des Themas und macht außerdem Lust auf die Lektüre der genannten Krimis … Gutes Preis-Leistungs-Verhältnis« (Ekz-Infodienst). »Die hilfreichen Hinweise des Buches darf kein Krimi-Schreiber mißachten« (Rheinische Post).

Deutsche Erstausgabe. Originaltitel: *Writing the Private Eye Novel*. Deutsch von Frank Kuhnke. 353 Seiten. Fadenheftung. Fester Einband. 12,75 €. Nummer 18290.

ROBERT BAHR

Spannender schreiben. Dramentechnik für Prosatexte

Robert Bahr zeigt, wie wir alle gut und noch besser schreiben können – sei es einen Artikel für die Zeitung, ein Sachbuch oder einen Roman. Wie sind die großen Autor/inn/en der Weltliteratur zu ihren ersten Ideen gekommen? Wie sahen die ersten Notizen aus, aus denen sie ihre großen Geschichten entwickelt haben? Wie haben sie ihre Lebenserfahrungen eingebracht und ihre Entwürfe bearbeitet? »Interessant wie eine Erzählung, lehrreich wie eine Vorlesung und praktisch wie eine Werkstatt« (Jahrbuch für Autoren).

Deutsche Erstausgabe. Originaltitel: *Dramatic Technique in Fiction.* Deutsch von Hans J. Becker. 196 Seiten. Fadenheftung. Fester Einband. 12,75 €. Nummer 18273.

ROGER A. HALL

Mein erstes Stück

Hier erfahren Sie, wie Sie zu einer guten Idee oder einem spannenden Stoff kommen. Wie Sie eine Handlung effektvoll einsetzen lassen und dann überzeugend entwickeln. Wie Sie Dialoge schreiben, die lebendig und glaubwürdig sind. Wie Sie durch Konflikte die Handlung vorantreiben und den handelnden Personen einen Charakter geben können. Wie Sie die eigene Lebenserfahrung als eine wertvolle Ressource nutzen lernen. Und was Sie tun können, damit Ihr erstes Stück auch tatsächlich auf die Bühne kommt. »Der praktische Starter, um Schreiben fürs Theater zu lernen, ein echtes Lehrbuch mit Übungsaufgaben« (Lehrbuch für Autoren).

Deutsche Erstausgabe. Originaltitel: *Writing Your First Play.*
Deutsch von Andreas Betten. 283 Seiten. Fadenheftung.
Fester Einband. 12,75 €. Nummer 18317.

OTTO KRUSE

Die Kunst und Technik des Erzählens

Allem Erzählen ist gemeinsam: Wer eine Geschichte erzählt, klärt mit sprachlichen Mitteln, was zuvor unklar war, organisiert das Chaos, das ihn umgibt, und entwickelt so eine vielversprechende Methode, das eigene Leben erfolgreich zu gestalten. Erzählen zu können ist für das Selbstverständnis jedes Menschen und die Stabilität sozialer Gemeinschaften von enormer Bedeutung. Otto Kruses »Kunst und Technik des Erzählens« will das Erzählen als Möglichkeit, über das Leben nachzudenken, und als Weg, das Leben zur Sprache zu bringen, wieder zugänglich machen. Sein Buch ist unseres Wissens das erste Trainingsprogramm für literarisches Schreiben und anspruchsvolles Erzählen eines deutschen Autors. Es zeigt, wie man Aufmerksamkeit gewinnt, Spannung erzeugt, wie man Helden aufbaut und den Leser mit dem Helden identifiziert, wie man die tieferen Gefühle der Lesenden anspricht. Kruse beschreibt, wie sich die 9 stärksten Kreativitäts-Bremsen überwinden lassen und wie man die eigene Erzählkreativität entwickeln kann. Auf dem Weg dorthin müssen Schreibende aber auch solide Kenntnisse über Erzähltechnik und Komposition lernen und trainieren. Deswegen wird an praktischen Beispielen geübt, geübt und nochmals geübt. Denn: »Erzählen lernt man, indem man es tut« (Otto Kruse).

Originalausgabe. 250 Seiten. Fadenheftung. Fester Einband.
18 €. Nummer 18362.

Frieden« und nahm in den Druckfahnen immer noch umfangreiche Änderungen vor. Joyce trieb seine Verlegerin (und die Setzer) mit unerschöpflichen Korrekturen an »Ulysses« in allen Stadien des Drucks fast zur Verzweiflung. Und in der ersten Ausgabe der berühmten »Essais« von Montaigne sind die Korrekturen für die Neuauflagen am Seitenrand oft umfangreicher als der gedruckte Text.

David Michael Kaplan, selbst preisgekrönter Autor von Kurzgeschichten und Professor für Creative Writing an der Loyola University of Chicago, weiß, daß die richtige Technik zur Überarbeitung literarischer Texte entscheidend ist für den Erfolg eines Autors. Er ist überzeugt, daß die meisten Schriftsteller erst in der Phase der Überarbeitung das Wesentliche, den wahren Kern ihrer Geschichte erkennen. In seinem praxisorientierten Buch begleitet Kaplan Sie in jedem Stadium des Schreibprozesses, erklärt Ihnen, wie man die Probleme des ersten Entwurfs angeht, wie man mit den Möglichkeiten spielt, etwa Charaktere, Handlungsabläufe und Erzählperspektiven ändert oder Konflikte neu definiert, wie man vermeidet, Überflüssiges zu erzählen oder abzuschweifen, er sagt Ihnen, wie Sie erkennen, wo in Ihrem Text ein Dialog fehlt oder ein vorhandener falsch angelegt ist u. v. m. Kaplan veranschaulicht seine Argumente mit Beispielen zeitgenössischer Schriftsteller und bezieht auch den Entstehungsprozeß dreier eigener Kurzgeschichten mit ein, angefangen von den ersten Ideenskizzen über unterschiedliche Entwürfe bis hin zur fertigen Story. Er zeigt, wo er was verändert hat, von einzelnen Wörtern bis hin zu ganzen Charakteren und Handlungssträngen, und erklärt, warum diese Änderungen notwendig waren. Kaplan wird zu Ihrem Privatlehrer, der Sie vor den häufigsten Fehlern bewahrt, Sie in allen Schaffensphasen unterstützt und dazu anregt, sich niemals mit weniger als dem Besten zufrieden zu geben. Kaplans kreative Technik zur Überarbeitung literarischer Texte zeigt Ihnen, wie Sie dieses Ziel erreichen.

»Ich halte es für eines der nützlichsten Bücher zum Schreiben.« *Prof. Dr. Otto Kruse, Leiter der Schreibschule Erfurt*

Deutsche Erstausgabe. Originaltitel. *Revision. A Creative Approach to Writing and Rewriting Fiction.* Deutsch von Andreas Simon. Ca. 250 Seiten. Fadenheftung. Fester Einband. Ca. 15 €.
Erscheint voraussichtlich April 2002.

ROBERTA ALLEN

Literatur in 5 Minuten

Ein Schnellkurs

Hatten Sie schon immer vor, ein Buch zu schreiben? Aber Sie haben nie die dafür notwenige Zeit gefunden, immer kam etwas dazwischen? Oder Sie wußten nicht, wie und wo Sie anfangen, wie Sie Ihre Ideen und Bilder in Sprache umsetzen sollten? Oder Sie haben den Mut verloren, wenn Sie an die vielen großen Erzählungen und Romane dachten, die Sie gelesen haben?

Alles, was Sie brauchen, ist Vertrauen in Ihre eigenen Fähigkeiten. Und Sie können es nicht schneller gewinnen als mit Roberta Allens Buch »Literatur in 5 Minuten«. Ihre neue Methode, die sie als Dozentin für Creative Writing entwickelt hat, basiert auf Übungen, in denen Sie lernen, Kürzestgeschichten spontan in fünf Minuten zu Papier zu bringen. Wie ein Maler sich mit Hilfe von kleinen Detailskizzen auf die Entstehung eines großen Bildes vorbereitet, entwickeln Sie in kleinen Trainingseinheiten Ihre Fähigkeit, ganz unterschiedliche Ereignisse und Szenen treffend in Worte zu fassen. Sie wählen aus der Liste von 300 Themen, die Roberta Allen zur Anregung zusammengestellt hat, eines aus, stellen Ihren Wecker auf fünf Minuten und fangen sofort an zu schreiben. Die zeitliche Begrenzung macht Ihren Kopf frei, bündelt Ihre Energie und zwingt Sie, konzentriert und gleichzeitig spontan zu schreiben. Sie lernen, Ihrer inneren Stimme zu vertrauen, ungewöhnliche Bilder und Assoziationen zuzulassen und Bedenken und Einwände, die Sie blockieren könnten, erst einmal zurückzustellen. Wenn Sie die Kurzstrecke ausreichend trainiert haben, zeigt Ihnen Roberta Allen Schritt für Schritt, wie Sie Ihre Skizzen in Erzählungen und sogar Romane von kraftvoller und präziser Sprache verwandeln können. Sie erklärt Ihnen, wie Sie zu Ihrem eigenen Stil und Tempo finden, wie Sie die einzelnen Arbeitsschritte organisieren, und illustriert die unterschiedlichen Möglichkeiten der Überarbeitung und Entwicklung an Beispielen aus den Texten ihrer Schüler/innen sowie den Meisterwerken von Anton Tschechow, Ernest Hemingway oder Robert Walser bis hin zu zeitgenössischen Autoren wie Carol Oates und Mark Strand.

»Eine nützliche Anleitung, die Spaß macht. Mit Literatur in fünf Minuten stellt Roberta Allen einen kompletten Schnellkurs im Schreiben

kurzer Prosatexte vor, mit vielen hilfreichen Hinweisen, wie man nicht nur gut und schnell arbeitet, sondern schnell gute Arbeit leistet.«
James Thomas, Dozent für literarisches Schreiben

»Eines der besten Bücher über das Schreiben fiktionaler Texte, die ich gelesen habe. Die Idee ist einfach, wie so häufig bei wirklich guten Ideen, aber vielseitig anwendbar, für Grundsätzliches wie für Raffiniertes, sei es im Bereich der Kurzgeschichte, der längeren Erzählung oder sogar des Romans. Ich empfehle es unbedingt.«
Robert Shapard, Autor von Kurzgeschichten

Deutsche Erstausgabe. Originaltitel: *Fast Fiction. Creating Fiction in Five Minutes.* Deutsch von Xenia Osthelder. Ca. 240 Seiten. Fadenheftung. Fester Einband. Ca. 15 €.
Erscheint voraussichtlich im Juni 2002.

Preise können sich ändern und einzelne Titel auch ausverkauft sein.